打破習慣、善待痛苦、難得糊塗……八堂課讓你邁向未來，不再平庸

不怕起點低 就怕格局小

智商與情商的全面升級

王輝 著

眼光有多淺，成功就有多遠｜胸襟有多寬，世界就有多大

—— 放下計較 ——
創造無限可能，成就非凡人生

目錄

前言…………………………………………005

第一章　放下過去，擁抱未來……………007

第二章　起點可以低，格局必須大………033

第三章　高度決定視野，遠見開創未來……059

第四章　你的思考方式決定你的人生………093

第五章　越執著計較，越難以獲得…………135

第六章　胸懷有多寬，天地就有多廣………161

第七章　有格局，不出局……………………183

第八章　以品格的力量贏得世界……………217

目錄

前言

很多人都說,披荊斬棘,才不負功名塵土。結果,有些人贏了,卻贏得滿身泥濘、渾身惡臭,與西裝革履、優雅從容的勝利者站在一起,實在顯得太狼狽。

如果把人生當作一盤棋,那麼人生的結局就由這盤棋的格局決定。想要贏得人生這盤棋的勝利,關鍵在於掌握棋局。棋局的贏家通常是那些有著先予後取的度量、統籌大局的高度、運籌帷幄而決勝千里的方略與氣勢的棋手。有這樣高度的視野,才能有這樣高度的人生。

有一句俗語是這麼說的:「再大的烙餅也大不過烙它的鍋。」一個人能烙出多大的餅,關鍵在於你的鍋子有多大。而鍋子就是你的人生格局。所謂格局,就是一個人的眼光、胸襟、膽識等心理素養的內在布局。人生猶如建高塔,想要建得高,底盤就得大,格局就要寬。如果說高高的塔尖是你自己,那底盤就是你的格局!格局的大小,決定心胸的寬窄;只有心胸開闊,才能在人生舞臺上綻放多彩的自己。將自己的格局放大,人生之路必然會與眾不同。

有一位當代學者曾說過:「成長的問題關鍵在於為自己建

前言

立生命格局。」

每個人都渴望成功，都想獲得幸福、擁有財富，但是很多人僅將這種渴望當成一種欲望，忘記了人生格局的修練。所以，至今依然過著最平凡的生活，算不上有錢人，談不上成功者。究其原因就是 —— 格局小。也正是因為如此，才無法抓住成大事的機會。一顆石榴種子，把它放到花盆裡，就是一個盆栽，最多只能長到半公尺左右；如果將這顆種子放到大缸裡，就能長到一公尺；而將這顆種子放到庭院空地裡栽種，就能長成一棵高大的石榴樹。

擁有什麼樣的格局，就會擁有什麼樣的人生；想要把人生過大，首先就要擁有大格局。

第一章
放下過去，擁抱未來

第一章　放下過去，擁抱未來

社會需要有格局的人

> 「會當凌絕頂，一覽眾山小」！站得越高、看得越遠，才能做得更大。心有多大，世界就有多大；格局有多大，成功就有多大。人生需要大格局，成功需要大格局，世界需要大格局。你的格局決定你未來的方向，擁有了大格局，也就握住了未來和成功。沒有大格局，從一開始，你就輸了！

經常聽人們說起「格局」二字，究竟什麼是格局？格局是什麼意思？

有這樣一句諺語：「再大的烙餅也大不過烙它的鍋。」這句話的意思就是，想要烙出一張大餅，就要用與烙餅大小相符的鍋子。而烙出的餅再大，最後也得受到鍋子的限制。因此，如果想烙出讓自己滿意的「大餅」，最重要的不是烙餅工藝，而是烙它的那個「鍋子」。

在這裡，烙餅的「鍋子」就好比格局。有格局的人，通常會有自己的思想和見識，包括看問題的深度、心胸的寬廣度和思考的發散性。簡單地說，所謂的格局就是一個人的胸襟、眼光、膽識等心理要素的內在布局。

在王安石的《臨川先生文集》中,有這樣一個故事:

金谿縣的鄉民方仲永,家中世世代代都是農民。方仲永五歲時,還不認識筆、墨、紙、硯,但是讓人感到驚奇的是,有一天方仲永卻突然啼哭著向父母索要這些東西。父親感到非常驚異,從鄰居家借來了筆、墨、紙、硯,放到他的手邊。方仲永當即隨性寫下四句詩,並在詩句後面寫上自己的名字。

這首詩的內容是關於孝敬父母和團結家族成員。由於父親對詩一竅不通,便拿著這首詩請鄉里間一位秀才評點。秀才看完,驚訝於這是出自一個五歲孩童之手,決定測試他一下。秀才來到方仲永家,指著一個物品要他即興作詩。結果,方仲永當場寫了出來,而且文采和思路都有很多可圈可點之處。

同縣的人聽說這件事後,都感到很驚奇,逐漸地以賓客禮節來對待方仲永的父親,有人還特地花錢請方仲永題詩。父親覺得這樣賺錢也不錯,於是每天拉著方仲永到處拜訪同縣的人,導致方仲永沒有時間學習。

宋仁宗明道年間,王安石跟隨父親回到家鄉,到舅舅家做客的時候遇到了方仲永,這時的方仲永已經十二、三歲。人們請他作詩,他寫出來的詩已經無法與從前的名聲匹配。七年之後,王安石又一次回到舅舅家,問起方仲永的情況,舅舅回答說:「他的才能已經消失了,現在就像個普通人。」

方仲永的天資比別人高出很多,如果小時候好好培養,長

第一章　放下過去，擁抱未來

大後可能成為歷史上著名的詩人。然而，他的父親眼光短淺，只看到了眼前的利益，沒有讓方仲永進學堂認真讀書，反而為了賺錢每天都拉著他四處寫詩，最終耽誤了他的一生。這個故事告訴我們：格局的大小決定著個人的選擇，狹隘的選擇往往會局限一個人的發展，扼殺一個人的天賦，毀掉一個人的前途。即使方仲永過去曾獲得一些成就，但隨著時間的推移，他也會變成一個普通人。

同樣一粒種子，在花盆中就是盆栽，在大缸裡便是綠植，在庭院中也許可以長成參天大樹。種子是相同的，但是因為生長環境不一樣，獲得的結果自然有所差別。這一點，與我們的人生有著異曲同工之妙。將自己放到廣闊的格局中，就可以像飛鳥一般自由飛翔；將自己放在比較小的格局中，就會像魚缸裡的魚一樣。

人的發展經常受到各方面的局限，其實「局限」的出現就是因為格局不夠大。如果想成就大事，就要布大局。對於人生這盤大棋而言，關鍵是要先學會布局，而不是技巧。大格局，就是從一個大視角來俯視人生，讓自己站得更高、看得更遠、做得更大。

大格局決定著事情的未來走向，只要掌握了大格局，也就掌控了整個事情的未來前景。對於一個人來說，只有格局大了，未來之路才能越走越寬。

古語云,「人挪活,樹挪死」。過於執著於一念,是打不開局面的,甚至還會讓我們的未來之路變得越來越窄。而轉換一下思路,放大自己的格局,或許能獲得全新的視野,打造出更為廣闊的舞臺。

曾國藩說:「謀大事者首重格局。」想要成就大事,就不要畏首畏尾。心中沒有大格局,走一步算一步,鼠目寸光,無法獲得成就。只有站得比別人高,看得比別人遠,才能做得比別人大。

第一章　放下過去，擁抱未來

別人為什麼比你優秀

> 成為優秀者、成功者，似乎是所有人的奮鬥目標。但事實並非所願，很多人都跌倒在通往成功的道路上。這不是命運的安排，也不是時運不濟，而是因為一個人的優秀與否完全取決於他的人生格局。格局大的人，在氣勢、性格和信念上都擁有常人無法擁有的東西。他們心胸更為開闊、眼光更為高遠、策略更有高度……這種人，不優秀都不可能。

社群網路中，經常可以看到這類心靈雞湯：「要多和優秀的人在一起」、「為什麼別人比你更優秀」、「優秀者的共通點」……看到這類文章，我都會習慣性地點開看一看。看得多了，也就總結出了規律。其實，在眾多的文章中，關於成功的觀點也就不外乎這樣一些：

優秀的人天生聰明，而且還比你努力；

優秀的人懂得時間管理，能夠高效率地工作；

優秀的人能夠管理自己，晨起工作，一天之計在於晨；

優秀的人讀千本書、行萬里路，而不是天天看韓劇……

這些觀點都是有些道理的，當你不了解自己為何不成功，

就要問問自己：你做到上面這些了嗎？而這些，就是別人比你優秀的重要原因。

貝霖在大學畢業後進入了一家工廠，由於工作踏實認真，僅用了五年的時間，就升為工廠主任。人們都很羨慕他，貝霖驕傲情緒爆滿，心想：「一輩子為老闆賣命，也不錯！」同學聚會，貝霖覺得自己會成為「焦點」。因為據他所知，很多同學都還在基層工作，有些人甚至還在接連不斷地跳槽。他滿心喜悅地赴會，總覺得會得到同學的誇讚，但沒想到，卻獲得滿身的失落。怎麼回事？原來在同學中，工廠主任的職位不是最大的，上面還有個老闆。

酒足飯飽後，這位「老闆」同學對貝霖說：「兄弟，學生時代你的成績最好，我記得當時很多同學都向你借筆記。以你現在的經驗與資歷，完全可以自己當老闆！」

「老闆」同學說話時微微有些醉意，但說的卻都是實話。在創業熱潮高漲的今天，很多有抱負、有理想的人都成了老闆。憑著貝霖的機敏和好學，如果當時創業，多半也能做得不錯。但貝霖心裡卻感到異常不痛快。

回家後，貝霖對老婆談起了這件事，老婆吃驚地說：「這種『野心』可不要有，我們現在的生活不是很好嗎？自己當老闆，弄不好，錢就白白浪費了，這些年努力的成果就都虛擲了！」貝霖想想，覺得有道理，於是安於現狀，打消了這個念頭。

第一章　放下過去，擁抱未來

　　時間如白駒過隙，五年很快地過去。貝霖的孩子從幼稚園升上小學，可是他還是工廠主任。然而，好景不常。工廠裡的收益不佳，老闆決定人事大整頓，這一整頓就輪到了貝霖。貝霖很生氣，可是他一邊抱怨老闆卸磨殺驢，一邊反省自己，覺得自己這幾年缺少學習、不夠優秀。

　　其實，貝霖之所以不夠優秀，是失敗在自己的格局不夠大。當初，如果確立一個長遠的打算，對生活有比較大的追求，五年的時間，即使不能自主創業，做不成「貝老闆」，也會做個「貝經理」。但是，貝霖當上了工廠主任就覺得心滿意足了，覺得自己已經是個成功人士，從而工作中缺少了前進的動力、甘於平庸，失去了更進一步發展的可能性。最終，隨著工廠的不斷發展，工廠主任的「成就」必然會煙消雲散。

　　為什麼不優秀？為什麼會失敗？面對這種問題，很多人都會習慣性地找客觀原因，殊不知，客觀原因大多都是藉口罷了，人生最大的敵人就是自己。如果自己的層次高一些、視野寬廣一些、見識長遠一些……就會變得足夠優秀，如何會失敗？

　　對於一個人來說，最大的敵人就是自己，最大的心魔也是自己，讓自己比別人更優秀，擁有美好未來的機率就會大大提升。

　　對於一個人來說，經歷得越多，抱怨就會越少，優點則會越多。因為每次經歷都給了他不同的體驗與教訓，下次再遇

到同樣的問題，就會汲取過去的經驗教訓，抱怨自然就少了。一個人對待學習的態度，也是他對待人生的態度，只要努力學習，未來都不會太差。越努力，幸運越多，優點越多，也就能更早一步成功！

如果自己不成功，首先就要想想看，自己為何不優秀，他人為何比你更優秀？

偉大的人絕不濫用自己的優點

> 偉人之所以偉大,就是因為他們更深刻地理解自己。每個人都有優缺點,自負的人滿眼都是優點;優秀的人,不但能看到自身的優點,還能看到自身的缺點;但是偉人就不同了,不僅能深刻地了解自己的優缺點,還比別人更懂得不濫用自己的優點,不會因自己的優點而驕傲,更不會因自己的缺點而迴避。

尚-雅克・盧梭(Jean-Jacques Rousseau)曾說:「偉人絕不會濫用自己的優點,他們能看出自己超越別人的地方,並且意識到這一點,但絕不會因此就不謙虛。」在這個世界上,想要成功,能夠依靠的只有自己。

人的一生中也許會遇到很多貴人,父母、朋友、老師、主管、同事等,他們都會對你有所幫助,但這些人的幫助只是很小的一部分,真正能讓你逐漸走向成功的還是你自己。

想要踏上成功的道路,就一定要客觀地理解自己,對自己做出相對正確的評價。看到自己的優勢,就覺得自己很厲害,盲目地樂觀自大;看到自己的缺點,就消極悲觀,都是不應該的。

偉大的人絕不濫用自己的優點

如果想取得成功，就要從客觀的角度分析自己，釐清自己的優勢與缺點，發揚自己的長處，規避自己的短處，懂得揚長避短。

法國後印象派畫家保羅・高更（Paul Gauguin）有一幅傳世佳作——〈我們從何處來？我們是誰？我們向何處去？〉（*Where Do We Come From? What Are We? Where Are We Going?*）。這幅畫告訴我們：人類從誕生的時候就開始試著認識自己了。很多人的腦海裡經常會出現一些奇怪的問題，例如：我們為什麼會用鏡子？路過水面時為什麼會習慣性地照一下？為什麼會產生算命看相的想法？……看起來似乎是為了正衣冠、問前程，但筆者倒認為，主要是因為人們都想知道自己的需求，想知道自己的優缺點，想知道這些優缺點會帶來什麼。

哲學家說，世界上最難理解的就是自己。關於自我通常都有很多的謎團，作為凡人中的一員，最重要的就是要客觀地了解自己身上的優點與缺點，並揚長避短，學會駕馭它們。

人的優缺點有些是天生的，是無法改變的；有些則是後天養成的，因為每個人的出生環境、受教育程度不同。不論你是否願意，你的優缺點都會一直伴隨著你，陪你走完一生，影響並決定著你對別人的態度和別人對你的態度，成為你在社會生活中生存的助力或者阻力。

現代舞蹈被西方人稱作是「大腿的藝術」。這句話說明，作

第一章　放下過去，擁抱未來

為一名舞蹈演員，腿是很重要的條件，他們的腿一般都是勻稱修長的。

有一位知名舞蹈藝術家，她的孔雀舞被人們津津樂道。但是，鮮為人知的是，沒有成名前的她身體條件很普通，腿比較短，而腰與手臂比較長，與舞蹈藝術的形體要求相差甚遠，連啟蒙老師都說她在舞臺上很難有所作為。

看到自己的先天條件不好，她也曾經難過、徬徨。有一次，她在偶然之間聽到一位老師說了這樣一句話：每個人都有自己的優缺點，有些人的缺點雖多，但如果這些缺點不具備破壞性，而優點又很有建設性，善於利用自己的優點，也可以成功。

受到這句話的影響，這名舞蹈家靜下心來重新審視自己，雙腿短是無法改變的事實，但是臂長腰健是自己獨特的優勢，而自己要做的就是使這一項優勢發展成為具有建設性的優點。

從那之後，她充分發揮自己的優勢，將工夫用在腰和上肢，練就了豐富多彩的造型語言。跳孔雀舞的時候，她一般都是用半截上衣搭配一條筒裙，從來不會將自己的大腿露在外面。表演時，儘量減少幅度大的跳躍動作，將觀眾的視線都吸引在自己的兩臂和腰上，作品一經問世，就受到人們的青睞。

從這名舞蹈家的個人跳舞事蹟中可以發現：不管是做人，還是從事藝術，最重要的就是要發揚自己的優點、規避自己的

缺點，懂得揚長避短。

　　生活中，沒有十全十美的人。通常，優點有助於個人的生存；而缺點，則會阻礙個人的發展。優點多，成功的可能性就大一些；而缺點多的人，成功的機率就會相對低一些。可是，事實也並非都是如此。之所以總是提「駕馭」二字，就是因為在不同的環境下一個人的優缺點會發生轉換，過去引以為傲的優點會變成缺點，過去令人厭惡的缺點有可能變成優點。所以，不僅要充分了解自己的優缺點，還要知道優缺點的價值所在；同時，更要合理利用自己的優缺點，用優點來幫助缺點，用缺點來掩護缺點。

　　每個人都是獨立的個體，優點與缺點並存於每一個個體之中，如果能了解自己的優點與缺點，以及它們在不同時機對你具有的意義，差不多也就接近完美了。

　　想要讓自己有所成就，就要充分了解自己的優缺點，了解其中的價值和存在條件。當然，不僅要了解，還要誠實地面對，不應一廂情願或逃避現實。當你能夠自由地駕馭自己的優缺點時，離成功也就不遠了。

第一章　放下過去，擁抱未來

賣命工作是在成就自己

> 每個人的生命長度都是相同的，優秀者總是在拓展生命的寬度。在有限的生命裡，如何才能成就最好的自己，要看生命的寬度。在奮鬥過程中，擁有大格局是必要條件，但是路仍要一步一步走，以至於每一步都會走得很艱辛，必須賣命工作。因為只有賣命工作，才能做出成績；只有賣命工作，才會成就自己。

人獲得成就的大小，取決於志向的大小。想要在這個社會與眾不同、出人頭地，就要為自己確立一個遠大的人生目標。當然，只有目標還不夠，還要透過腳踏實地的努力來實現。

對於一個想成就自己的人而言，每天的時間都很珍貴，都是一個進步的過程，並且在這個過程中不斷地鍛鍊和提升自我，不斷地奮鬥並獲得快樂。

現實中，很多人都對自己當前的生活狀況感到不滿意，但是也僅僅停留在對現實的抱怨上。他們把自己的大把時間都浪費在怨天尤人，卻不知道該如何改變，也不知道自己究竟需要一種什麼樣的生活。

自甘墮落，也就失去廣闊的發展。初入職場，不要太計較

工作量的問題。只要有所追求，踏實肯做，熱愛工作，才能創造出最大的個人價值。

一位著名演講家曾說：「人活一世，總要做點事情，看準了就做，要做就趕快做，要做就大手筆地做，要做就做出名堂來。」不論是在職場中，還是生活中；不管從事什麼工作，都需要賣命工作的大氣魄。

只要我們心中有夢想，只要理想存在心中，我們就能行動，做出成績。夢想，可以鼓舞人心，激發人們的熱情，督促人們去行動，去完成事業。在夢想的督促下，人們可以充分發揮自己的主觀能動性，不斷提高自己的能力。即使出生普通，只要心懷夢想、努力工作，也能逐漸走向事業的頂峰。

羅傑‧羅爾斯（Roger Rolls）是美國紐約州的第一位黑人州長，出生於紐約市的一個貧民窟。這裡，聚集著許多偷渡者，是流浪漢的天堂，整天發生販賣毒品和暴力事件，治安混亂。耳濡目染之下，在這裡生活的孩子都會染上一些惡習，比如：打架、搶劫、吸毒；長大後，也沒有什麼正式工作，只能像生活在黑暗裡的生物一樣生存，或從事一些較低階的工作。貧民窟外的人都看不起從這個地區走出來的人，只要一說起他們來自貧民窟，就會想起罪惡，就會皺起眉頭，像躲蒼蠅一樣躲避他們，滿臉都是鄙夷或厭惡。

羅傑‧羅爾斯卻是一個特例，他不僅沒有被人們鄙夷，甚

第一章　放下過去，擁抱未來

至還成為紐約州的州長。記者問他，您是如何走到這個位置的？他回答說：「我之所以能夠取得今天的成就，是因為一直以來的努力；而我之所以會如此努力，是在小學校長皮爾‧保羅（Pierre Paul）先生的引導下而產生的。」

1961 年，皮爾‧保羅當上了諾必塔小學的校長。他發現，學校裡的孩子都很調皮、不務正業。他們經常打架、曠課、罵人，甚至破壞教學設施。為了教育這些孩子，保羅先生想了很多辦法。他發現，受到大人的影響，這裡的孩子都有點迷信，就藉由替學生看手相，側面鼓勵他們好好學習。

有一天，羅傑‧羅爾斯正在校園裡玩耍。保羅先生出來看到他，走到他面前，彎下腰，拉起他的手，認真看了看，嚴肅地說：「孩子，你的手指長得真長，將來一定很能幹，說不定還能當上紐約州的州長。」

聽到保羅先生的話以後，羅傑‧羅爾斯感到很驚訝，因為在美國歷史上從來沒有出現過黑人州長，而在貧民窟也沒有出現過政府官員。他不解地看著保羅先生，滿臉疑惑，但是從保羅先生的眼中卻看到了肯定與相信。

羅傑‧羅爾斯把保羅先生的話放在心上，同時也產生了成為紐約州州長的夢想。從那一天開始，他不斷努力，漸漸地改掉自己的惡習，不再打架，刻苦學習；同時，他還對自己嚴格要求，一切按照州長的標準來要求自己。

為了實現這一個夢想，羅傑・羅爾斯努力了40多年，在他51歲那年終於實現了自己的兒時夢想，當上了紐約州的州長。

我們都是普通人，有些人甚至地位更低，可是這些先天條件並不能成為成功的障礙。只要你肯努力，只要你肯打拚，平凡的你肯定能做出不平凡的成績。

記住：在實現夢想的過程中，努力奮鬥，賣命工作，不會錯！

第一章　放下過去，擁抱未來

絕不讓自己的思想屈服於他人的意志

> 成功源於自己的思想，如果頭腦中沒有自己的想法，事事都跟在別人後面，屈從於他人的意志之下，就可能成為別人的奴隸，永遠也成不了大事。只有堅定思想的人，才能跟隨自己的思想，一步一步向前走下去。不管任何時候，都不要讓自己的思想屈服於他人的意志，遵循自己的思想，才能遇見最美的自己。

戴爾・卡內基（Dale Carnegie）曾說：「一個人的成功，只有15％歸結於他的專業知識，剩下的85％歸結於表達思想、領導他人和喚起他人熱情的能力。」要將想法表達出來，就要有自己的思想，並用良好的表達能力把它傳達給對方。

思想為何如此重要？因為當一個人有了思想，也就成了有靈魂的個體。總是跟著別人的想法走，就會成為別人的奴隸，永遠也無法獲得自己的成功。

一位作家曾說：「沒有錢並不可怕，可怕的是一個人思想上的清貧。」事實的確如此！思想是一個人內在願望的展現，通常決定了一個人如何理解問題和解決問題，也決定著這個人一生的成與敗。

絕不讓自己的思想屈服於他人的意志

任何人都不可能一帆風順，投資失敗、企業倒閉……但是在這種情況下，如果依舊能保持一種崇高而美好的思想，人生不見得會一直失敗，反而遇到的這些挫折會成為經驗的累積。這是一種財富，或許下一次面對同樣的事情，就會做得很出色，這就是成功。反之，如果思想貧乏，人生失敗的機率就會提高。沒有應對生活磨難的思想，內心就經不起磨礪、無法承受壓力，多半都會失敗。

被稱為新工業之父的亨利‧福特（Henry Ford），年輕時曾在一家電燈公司當工人。一天，亨利‧福特突然有了一個大膽的想法──設計一種新型引擎。他把自己的想法告訴妻子，妻子鼓勵他說：「只要想清楚了，就大膽地嘗試吧！」為了表示支持，妻子還把家裡的舊棚子騰出來，專門供他使用。

即使雙手經常被凍成青紫色，但是他停不下來，因為引擎研究已經有了頭緒，他要抓住這一點靈感。因為他相信，有了靈感後，堅持下去，就能成功。

亨利‧福特在舊棚子裡努力了三年，終於將這個稀奇的東西製作出來。此時的他還沒有意識到，這個發明對整個世界會產生怎樣的深遠影響。

亨利‧福特之所以能夠做出最後的成績，主要就在於他堅持了自己的想法，沒有隨波逐流，也沒有因為困難而放棄。思想是思考的結果，只有不斷思考，才能出現好的想法；而只要

第一章　放下過去，擁抱未來

堅持自己的思想，不屈從於他人的思想，才能將自己的思想變成實實在在的東西，才能創造出最大的價值。

人的意識和潛意識具有決定個人命運的巨大能力，只要為潛意識樹立一個明確的目標，我們就會在潛意識中不知不覺地為了實現這個目標而努力；只要向潛意識發出一個指令，潛意識就會一直執行。據權威人士的調查結果顯示，科學家的成功方式儘管各有不同，但都善於運用意識和潛意識的力量。因此，如果你下定決心要做成一件事，就要憑藉意識的驅動和潛意識力量，越過前途的眾多障礙。

英國的大思想家法蘭西斯・培根（Francis Bacon）曾經說過：「習慣是一種頑強而巨大的力量，它可以主宰人生。」優秀而偉大的人，之所以可以一直不停地追求卓越、創造卓越和超越卓越，就是因為能夠遵循並靈活地運用這一項規律：自己的思想框架有多大，發展的格局就有多大。

從古至今，每個偉大的發明、每項卓越的成就，都是由有思想的人創造的。不論是湯瑪斯・愛迪生、亞歷山大・格拉漢姆・貝爾、亨利・福特、萊特兄弟等發明家，還是成吉思汗、拿破崙一世等對社會產生深遠影響的人，他們都拒絕平庸、追求卓越，經過多年的努力，最後功成名就、留名青史。由此可見：有自己思想的人，必定可以抵達金字塔頂端。

在日本，有一種樹，人們稱其為邦賽樹。這種樹長得很

美，造型完整，但是高度僅有幾寸。

在美國加州，有一種樹叫做水杉。其中，一種大水杉被命名為薛曼將軍樹（General Sherman）。這棵巨樹能夠長到83公尺，樹圍可以達到2公尺，砍下一棵薛曼將軍樹，能夠建造35間5人住的房子。

邦賽樹與薛曼將軍樹都是由一顆重量小於0.01克的種子發育而成，但是長大以後卻有著天壤之別。原因何在？其實，在這懸殊的差別背後隱藏著一個祕密：在邦賽樹樹苗剛冒出地面時，日本人就把它從泥土裡拉出來，將主幹和一部分支幹綁住，阻礙它的成長，之後就會逐漸長成一種精緻的盆景；而薛曼將軍樹的種子則落在加州肥沃的土壤中，接受大自然的洗禮、吸收豐富的礦物質、溫潤的雨水和暖和的陽光，最後長成了衝破雲頭的參天大樹。

很多人一事無成，就是因為低估了自己的思想，片面地妄自菲薄，縮小了自己能夠達到的成就。一塊價值5元的生鐵鑄成馬蹄後，價值105元；製成工業上的磁鐵等，價值3,000多元；製成手錶發條，身價就會立刻跳躍到25萬元。

人與動物的最大區別就是人有思想，思想是一種強大的工具，是一種無所不能的工具。如何使用這種工具，決定了你的一生。

思想能夠促使你成為夢想中的人物，得到你最想要的東

西。實現目標的力量一直都在你的體內沉睡、休眠，等待著你的召喚。只要發揮這種潛能並合理運用，就能讓你與平庸者分離，進入優秀者的行列之中！

精緻是因為用力地活

> 生命對於每個人都只有一次，你想要過什麼樣的生活，希望自己的未來是什麼樣子？所有的一切，都不是別人賜予你的，而是要靠自己的努力去爭取。命運掌握在自己手中，只有努力工作、生活，才能活出精緻的人生，才不負生命的重托。

命運就像是高高在上的天空，有時陰雲密布，有時陽光明媚。而我們要做的就是晴朗時，快步前行；陰雨時傲視風雨，靜待彩虹。

人生就像一張白紙，原本紙上乾乾淨淨、空無一物，我們需要用自己的勤奮、汗水為其塗上絢麗的圖景。

生命就像一場馬拉松，路程遙遠，對手眾多。儘管這樣，我們也應咬緊牙關，不斷向前，堅持奔向勝利的終點。

如何活出精緻的人生？只要用力生活，即使手握一副爛牌，也能打出最好的成績。

蘇軾的一生讓我感嘆，也讓我感動。因為政治立場的錯誤選擇，他慘遭對手的誣陷與排擠，屢次貶職。當人們都以為他深受打擊、無法振作時，他卻從不幸中發現了新的自我：「竹

第一章　放下過去，擁抱未來

杖芒鞋輕勝馬，誰怕？一蓑煙雨任平生」、「回首向來蕭瑟處，歸去，也無風雨也無晴」……他與過去的風雨打擊揮手告別，與江上清風、山間明月為伴，活出了自己的瀟灑與高雅。

杜甫出生在亂世，家裡窮困潦倒，一生都在漂泊。處境雖然不怎麼好，卻有「安得廣廈千萬間，大庇天下寒士俱歡顏」的胸懷；陶潛對官場黑暗深惡痛絕，不為五斗米折腰，放棄了高官厚祿，活出了田園詩人的一片自由與恬淡；鮑照一介寒士，出生卑微，卻在社會階級觀念如此深的時代高歌「人生亦有命，安能行嘆復坐愁」……他們的生活都異常簡陋，但是他們都活得安心、活得高貴。

如果把人生當作一盤棋，那麼人生的結局就像是這盤棋的格局。如果要贏得人生這盤棋，最重要的是掌握住棋局。在人與人的對弈中，飛象跳馬、舍卒保車……各種棋著就像是人生中的每一次博弈，棋局的贏家從來都不是莽撞之人，而是那些有著運籌帷幄的方略與氣勢、先予後取的度量、統籌大局高度的棋手。

有一位知名舞蹈家，出生於一個普通農民家庭，從小就喜歡舞蹈，13 歲時憑藉獨特的舞蹈天賦，進入歌舞團，開始了自己的舞臺生涯。

她是家裡的老大，父母離異後，由她照顧 3 個弟弟妹妹。雖然生活艱難，但是她的心中一直都有一個舞蹈夢，後來終於

以一曲靈動的舞碼名揚海內外。

　　曼妙舞姿吸引了另一名舞蹈演員的關注，日久生情，兩人舉行了婚禮。可是，醉心於舞蹈的她並沒有把生孩子納入自己的人生規劃之中，儘管丈夫很喜歡孩子，但是也沒有主動提過這個要求。公婆的抱孫心切，讓她去醫院體檢準備生子，但最後經過深思，她仍然選擇了舞蹈，忍痛與丈夫提出分手。退休後，她回到了家鄉，過著隱居生活。

　　有人問她：「妳之所以不要孩子，是為了跳舞嗎？」她回答說：「有些人的生命是為了傳宗接代，有些人是為了享受，有些人為了體驗，有些則是旁觀。而我就是生命的旁觀者，我到這個世界上的責任就是，看樹怎麼生長、河水怎麼流動、白雲怎麼飄過、甘露怎麼凝結……」

　　一個努力生活的舞者，越過了世俗的境界，活得從容灑脫，不論出現在哪裡，都是一副超越世俗的樣子。就如她自己所言，她一直都是自由的。如今這名舞蹈家已近花甲之年，在老家海邊生活得如仙女一般！

　　很多人都羨慕成功人士的精緻人生，也希望自己有一天可以活成他們的樣子，可是怎樣才能活出那樣的人生呢？想要活出精致的人生，首先就要保持一個精緻的心態，之後朝著自己的目標前進，用力地生活，活出你期待的樣子。

第一章　放下過去，擁抱未來

第二章
起點可以低,格局必須大

第二章　起點可以低，格局必須大

不怕起點低，就怕境界低

> 很多成功人士在歸納經驗的時候，總喜歡這麼說：「不怕起點低，就怕境界低。」一個人境界的高低直接決定了他所取得的成就大小。誰都希望自己有一個不錯的起點，但任何人都無法在事業的起步期就做出大成績。所以，起點低，不可怕，可怕的是境界低。

週末，小劉參加孩子的幼稚園活動，因為活動地點不太遠，他們決定走路去。

小劉一大早就與兒子出門，兒子似乎很興奮，步伐邁得很大。等小劉與兒子到達的時候，時間尚早，於是，就站在集合地點等待其他人的到來。

不久，孩子與家長們陸續抵達。小劉發現，大多數孩子都是被轎車送過來的，甚至還有很多豪車，BMW、賓士、凌志、賓利什麼的。

看到這些，小劉不禁有些感慨：為孩子設定如此高的起點，孩子就能高人一等嗎？

每個人都希望自己有個好的工作起點，但是能夠具備這樣條件的並不多。大多數人包括很多名人，都是從低起點開始

的。比如：華人首富李嘉誠最開始也只是一個茶樓小員工。起點低沒什麼，只要主動適應，就一定可以找到好機會。怕的是境界低、妄自菲薄、安於現狀，甚至產生了得過且過、自暴自棄的想法。

「綠水為風皺面，青山因雪白頭」描述的景象都是老天造就的，誰能強求？人的事業高低跟自己的人生境界息息相關，對於要想有所成就的人來講，不怕起點低，就怕境界低。巨大的建築，都是一磚一瓦累積起來的。

翻開成功者的寶典，大部分人的出身都不太高，屬於清寒人士。雖然起點不高，但依然憑藉著自己的境界，走出了一條出色之路。

王永慶年輕時，家境不好，讀不起書，只好去做買賣。16歲時他到嘉義開了一家米店。當時，嘉義市場上已經有30家米店，競爭十分激烈。王永慶用僅有的200日圓（當時小學教師月薪約17日圓）創業資金，在偏僻的巷子裡租了一個小店面。

由於開業時間晚，規模小，沒有什麼知名度，米店的生意十分冷清，門可羅雀。為了打開稻米的銷路，王永慶每天都會背著米挨家挨戶地敲人家的門。雖然將自己累得像隻狗，但效果卻不理想。

人們都不買小商販上門推銷的米，如何才能打開銷路呢？王永慶認真思考後發現，想要在市場上立足，就要具備他人沒

第二章　起點可以低，格局必須大

有的優勢。於是，他思前想後，決定從米打破僵局。

1930年代，臺灣的稻穀收割和加工技術不如今日進步，稻米裡經常摻雜一些沙子之類的雜物。煮飯前，人們通常都要洗好幾次米，很不方便。但是，由於大家都這樣，也就習以為常了，而王永慶卻從中發現了商機。

王永慶帶著兩個弟弟一起動手，將夾雜在米中的雜物全部挑出來之後再賣給顧客。漸漸地，有了老顧客，銷路逐漸打開，王永慶的稻米獲得了好口碑。人們都說王永慶的稻米品質好，而且還減少了很多麻煩，再加上，他家的米還便宜，結果米店生意越做越好。

王永慶獲得了一個小小的成功，不過他沒有停步，後來又開發了一項技能，就是送米上門。他的這一項決定，帶給很多顧客方便，受到了人們的關注和歡迎。更重要的是，王永慶送米並不是送到顧客家門口而已，還會幫顧客將米倒進米缸中。他隨身攜帶一個小本子，上面記錄著每家米缸的容量，每次為新顧客送米時，都會問清楚這家有多少人吃飯、大人多少個、孩子多少個、每個人飯量怎麼樣……有了這些資料，就可以推測出這一戶人家下次買米的大概時間。等到這戶人家快要沒米的時候，王永慶就會主動將稻米送到客戶家中。就這樣，王永慶的米店不斷壯大，最後成了鎮上生意最好的米店。

在事業的開始階段，任何人都不會一帆風順。起點低一些

並不可怕，可怕的是在你位於低起點的時候，沒有一種超越平庸、超越自我的心態。境界水準有多高，最後收穫的成功也就有多大。

起點可以不高，但境界卻不能太低。工作的價值取決於自己的心態：你認為它很崇高，它就是真正的崇高；反之，你覺得它卑微，它就一定會變得卑微。

偉大的成就通常來自偉大的行動，偉大的行動往往來源於偉大的境界。對一個人來講，思想境界和人生境界有著密切的關係。調查顯示：企業最不喜歡的就是斤斤計較的員工，因為他們的注意力都集中在薪資的高低、休息時間長短等問題上。沒有打拚的鬥志，自然無法取得成績。

查理・貝爾（Charlie Bell）管理著麥當勞全球 118 個國家 3 萬多家店，他工作的起點就是為麥當勞打掃廁所。即使是打掃廁所，他也比其他清潔工人做得出色，因此他受到了上級的重視，並不斷升職。

當成功者登上成功的頂峰，回顧之前的發展歷程時，總會發出相同的感慨：「不怕起點低，就怕境界低」，一個人境界的高低決定了他能夠獲得成就的大小。

想要有一個高境界，就一定要保持空杯的心態，不要計較，不要顧慮，不要不滿意。如此，才能專注於付出，才能獲得良好的發展。

第二章　起點可以低，格局必須大

人生成功離不開境界的提升

> 境界這個東西，看不清，道不明，但確實存在，也是人生成功的必要條件之一。在有限的生命裡，很多人都渴望做出一定的成績，卻忽略了人生境界的提高。在人生奮鬥的道路上，必須不斷自我雕琢，不斷提升自己的精神境界。做到了這一點，人生才可以更從容，胸懷才可以更寬廣，事業才可以更加成功！

有這樣兩個小故事：

有一個6歲的小男孩每天晚上都要幫父親看守木桶，不僅要將每一個木桶擦乾淨，還要擺放整齊。可是，讓男孩生氣的是，晚上總是颱風，很容易將擺放好的木桶吹得東倒西歪。看到自己的勞動成果遭到破壞，男孩感到很委屈。父親摸著他的頭，說：「孩子，木桶之所以會被風颳倒，是因為木桶太輕、風太大。想讓木桶不被風吹倒，將它的重量增加一些即可。」男孩想了想，立刻提了水，把水全部倒進空木桶中，之後將木桶排列整齊。

從這之後，盛滿水的木桶再也沒有被風吹倒過。

有一座知名石雕園的石雕造型優美，形態繽紛，其中有一

件「自我雕琢」的石雕作品寓意更是深遠。「自我雕琢」石雕展示的是：一位身體健壯的年輕人手拿鐵鎚，每天都在刻苦磨鍊自己的技藝。為了擁有完美的形象，他不斷地進行自我雕琢，終於達到理想中的境界。

木桶之所以沒被風颳倒，是因為它裡面有了水；石雕之所以能夠達到理想的境界，是因為每天都在不斷進步。由此可見，任何事情的成功都離不開提升和改善。

木桶、石雕是這樣，人生又何嘗不是如此？很多成功人士就是經過不斷的自我雕琢、昂揚奮進、攻堅克難、腳踏實地，一步步走向成功。

其實，自我雕琢就是個人逐漸提高人生境界的一種表現。人的一生包括昨天、今天和明天。人生短暫，青春如白駒過隙，每個人都希望自己事業成功、生命光輝、人生精采。可是，人生的道路常常是多災多難的，每一段人生都是由鮮花掌聲和失敗曲折互相融合而成。也許當下的你正處於困頓失意的狀態，也許你正處於春風得意的瀟灑中，但站在更高的角度往下看，那一點小事也就沒那麼重要了，那一點成功也不值得沾沾自喜。因為，人生有更高的境界。

《莊子》中有個寓言：

貓頭鷹在吃死鼠時，一隻鯤鵬鳥從高空中飛過。貓頭鷹立刻護住自己手中的死鼠，視鯤鵬如大敵。

第二章　起點可以低，格局必須大

讀到這裡，很多人都會覺得貓頭鷹太氣量狹小了。其實這個故事還啟發我們：一直站在山腳下，很多東西都是難以踰越的。站得高一點、看得遠一點，之前牽腸掛肚的事情也就不值一提了，如此才能從容淡定，舉重若輕，經得起更大的風雨。

還有一個佛家故事，講的是慧能大師與神秀大師寫佛偈的故事：

神秀大師寫道：「身是菩提樹，心如明鏡臺。時時勤拂拭，勿使惹塵埃。」意思就是，眾生的身體都是一棵智慧樹，眾生的心靈就像是一座清明的臺鏡。只有經常擦拭，才不會被塵垢汙染，障蔽了明亮的本性。

慧能大師的佛偈是：「菩提本無樹，明鏡亦非臺。本來無一物，何處惹塵埃。」意思是說，菩提原本就不是樹，明亮的鏡子也不是臺。本來就是虛無的，怎麼會染上塵埃？

兩者一比，可以發現，慧能大師寫的佛偈境界要高於神秀大師，更能表達出其對「空」的理解，佛理也更加高深。慧能大師這種高深的修行，正是我們一直努力嚮往的境界。

每個人都希望自己成功，但是大多數人卻在成功的道路上遭遇了滑鐵盧，其根本原因就是人生境界不夠。如今，人們常用「三重境界」來解釋一些得失關係：

第一種境界：「昨夜西風凋碧樹，獨上高樓，望盡天涯路。」

這句詞出自晏殊的〈蝶戀花〉，意思是說，「我」爬上高樓眺望，看到的是一片蕭颯的秋景，西風黃葉，山長水闊，案書何達？王國維對這句話做了新的解讀，他認為：做學問、成就大事業，必須對自己的目標有執著的追求，需要登高望遠，明確自己的目標和方向，了解事物的全貌。

第二種境界：「衣帶漸寬終不悔，為伊消得人憔悴。」

這句詞是出自北宋柳永〈鳳棲梧〉的最後兩句，表現了作者對愛的艱辛和無悔，甚至還可以理解為詞人追求的理想和從事的事業。王國維則認為這兩句說明：能夠成就大事的人都要經過辛勤勞動，廢寢忘食，孜孜以求，直至消瘦憔悴也不後悔的忍耐。

第三種境界：「眾裡尋他千百度，驀然回首，那人卻在燈火闌珊處。」

這句詞是出自南宋辛棄疾的〈青玉案〉。王國維從中引出了悠悠的遠意：做學問或成大事業，都要有專注的精神，反覆地追尋、研究，下足功夫，才能豁然貫通，有所發現，有所發明。

大師的闡釋和俗世的輪迴有著異曲同工之妙。洞悉人生，學業也好，事業也罷，愛情得失……這些成功的個案大多都經歷了三個過程：第一，有了目標，想要追求；第二，追求的過程中遇到了很多磨難，但是堅持不放棄；第三，最重要的

第二章　起點可以低，格局必須大

時候，撐過去，便獲得了成功。失敗的個案往往都敗在第二個環節。

　　世人都希望自己能夠從容地做到第二個境界，但是要踰越它，並不是想像的那麼輕而易舉。成功人士勇敢堅強，不屈不撓，造就了自己與普通世人的不同。他們跨越的不僅是人生境界，更是不斷挑戰自我的極限。成功之後再回頭看來時路，才會理解關於這三重境界的另一種看法：看山是山，看水是水；看山不是山，看水不是水；看山還是山，看水還是水。

做人就要做大丈夫

> 大丈夫是永不放棄的強者,更展現了他的氣度,而氣度則決定了人的高度。心胸開闊的大丈夫,必然虛懷若谷、海納百川,不僅心胸開闊,視野也更加開闊。帶著這樣的態度去生活,才會從容地與他人相處,從容地面對人生中的種種,人生之路才會越走越長、越走越寬。

只要提到席維斯・史特龍(Sylvester Stallone),很多人想到的多半都是——一個電影巨星,拍攝了很多經典電影,光環很多。可是,他之所以能夠獲得今天的成績,與他曾經承受的心酸人生是分不開的,帶給人許多深刻的啟迪。

史特龍成長在一個酒賭暴力的家庭,生活條件很差,簡直可以說是窮困潦倒。那時候的他,身上全部的錢加起來都不夠買一套簡單的西裝,但是他依舊醉心於心中的夢想——當演員、當電影明星。

這個夢想一直縈繞在他的心頭,一刻都沒有被他放棄過。

為了實現夢想,為了獲得一個演出的機會,史特龍拿著自己的劇本,拜訪了好萊塢絕大多數的電影公司。

當時,好萊塢大約有500家電影公司,史特龍逐一拜訪

第二章　起點可以低，格局必須大

後，所有的電影公司都不想跟他合作。這是一件令人沮喪的事情，足以耗掉一個普通年輕人所有的熱情，但是史特龍沒有沉淪，也沒有退縮。之後，史特龍又從第一家電影公司進行第二輪拜訪和自我推薦，然而第二輪拜訪同樣以失敗告終。史特龍堅定信念，開始了第三輪拜訪之路，結果依舊與第二輪相同。不久之後，他開始了第四輪拜訪。終於，當他拜訪到第350家電影公司的時候，老闆同意投資開拍史特龍寫的這部劇本，並邀請他擔任劇中男主角。之後，就有了電影史上的經典之作《洛基》(Rocky)，史特龍也藉由這部電影成為「鐵血英雄」的代言人，受到人們的關注。

可以想像，如果在第三輪慘遭拒絕後，史特龍就停在他的第1501次拜訪上，也許世界頂級動作巨星就會少一位。他無法成就自己的夢想，人生也就不會如此精采，是堅持不懈讓史特龍贏得了最後的成功。這種人，令人佩服，是真正的大丈夫！真正的大丈夫是永不放棄，是強者，只有懦夫才總是淺嘗輒止，因難而退。每個人獲得成功的機會都是平等的，只不過成功者付出了比常人更多的努力。不論身在何方，大丈夫都不會畏懼困難，也不會輕言放棄。

很多時候，大丈夫展現的是一個人的氣度，氣度決定著人的高度。心胸開闊的人，必然謙虛謹慎，有海納百川的肚量，即使別人的行動是錯的，他也只會細心觀察，認真了解真相，

包容別人。

大丈夫，不會在意他人對自己的嘲笑與諷刺，也不會被生活所累，他們會將自己的時間用在更重要的事情上。他們心胸開闊，視野開闊，能夠從容大氣地跟別人相處，腳下的路越走越長，越走越寬。

施利華是泰國商界幾乎無人不知無人不曉的人物，曾是一家股票公司的經理，後來轉去炒房地產，之後把自己的所有積蓄和銀行貸款全都投入到房地產生意，在曼谷市郊蓋了十幾幢配有高爾夫球場的豪華別墅。

不巧的是，1997年7月亞洲金融風暴席捲泰國，泰銖大大貶值。別墅賣不出去，貸款也還不起，施利華只能夠眼睜睜地看著自己蓋的別墅被銀行沒收，自己居住的房子也被銀行拿去抵押。背負了一身的債，施利華這個曾經的億萬富翁一夜之間變得一無所有。

面對失敗的打擊，施利華沒有沮喪、抱怨，只說了一句：「好哇！又能從頭再來了！」沒有繼續做大事的資本，他就走進街頭小販的行列，沿街販賣三明治。經過一年多的累積，施利華的小生意越做越興隆。1998年，泰國《民族報》(*The Nation*)評選「泰國十大傑出企業家」，施利華位於榜首。

面對成功，施利華說：「在人生的道路中，如果你奮鬥了、打拚了、努力了，依舊屢遭挫折，不斷跌倒，不要抱怨命運的

第二章　起點可以低，格局必須大

捉弄，要笑對失敗。如果沒有那一次失敗，我就沒有機會從頭做起，也就沒有機會感受這其中的快樂，更沒有時間享受與愛人一起吃苦的幸福，因此我需要感謝那一次失敗。」

古今中外能夠有所作為的人，一路走來並非鮮花滿地，反倒是荊棘更多一點。事業不成，先嘗苦果；壯志未酬，先嘗失敗。但是，他們卻擁有一份難得的大氣，在艱難和不幸的日子裡寵辱不驚、堅強面對、坦然應對，進而化被動為主動，不斷努力前行、再前行，他們是**實實在在**的大丈夫。

氣度是激勵人一直前行的力量。我們都容易被細節所負累，在競爭激烈的當下，很多事情都不完美，在工作、生活和社會交往中，被誤解、吃虧、受委屈等事情也經常發生。遇到這種事情，最理智的做法就是，讓自己變得寬宏大度。

氣度決定了高度，氣度會產生豁達。大丈夫一般都比較豁達、寬容，他們能夠與他人友好相處，自己也能被他人接受與理解。當然，大丈夫也不會無限地容忍別人對自己肆意妄為。

情緒會影響你的格局

> 哈佛大學心理學教授丹尼爾‧高曼（Daniel Goleman）博士指出，人了解自己情緒的能力和控制自己情緒的能力，在相當程度上，對其未來的影響，比他的智商更重要。

人們常說，「衝動是魔鬼」。日常生活中，許多人都會在情緒衝動時做出令自己後悔不已的事情。因此，學會有效管理和控制自己的情緒，是人走向成熟的象徵，也是邁向成功的重要基礎。

我們的生活離不開情緒，它是我們對外面世界的正常心理反應，但我們不能讓自己成為情緒的奴隸，不能讓那些負面的心境左右我們的生活。

負面情緒會影響人的格局和判斷問題的能力。科學家們發現，經常發怒和充滿敵意的人很可能患有心臟病，哈佛大學曾調查了 1,600 名心臟病患者，發現其中經常焦慮、憂鬱和脾氣暴躁者比普通人高出 3 倍。

因此，可以毫不誇張地說，學會控制情緒是生活中一件生死攸關的大事。以下是高曼教授推薦的幾項關於如何控制情緒的建議：

第二章　起點可以低，格局必須大

（1）尋找原因

當你悶悶不樂或者憂心忡忡時，你所要做的第一步是找出原因。

29歲的弗蘭西絲是一名廣告公司職員，她一向心平氣和，可是有一陣子卻像換了一個人似的，對同事和丈夫都沒好臉色。後來她發現，擾亂她心境的是她擔心自己會在一次最重要的公司人事安排中失去職位。「儘管我已被告知不會受到影響，」她說，「但我心裡仍對此隱隱不安。」一旦弗蘭西絲了解到自己真正害怕的是什麼，她似乎就覺得輕鬆了許多。她說：「我將這些內心的焦慮用語言明確表達出來，便發現事情並沒有那麼糟糕。」找出問題癥結後，弗蘭西絲便集中精力對付它。「我開始充實自己，工作上也更加賣力」。結果，弗蘭西絲不僅消除了內心的焦慮，還由於工作出色被委以更重要的職務。

（2）親近自然

許多專家認為與大自然親近有助於心情愉快開朗，著名歌手希爾斯滕・弗拉格斯塔（Kirsten Flagstad）說：「每當我心情沮喪、憂鬱時，我便去從事園藝活動，在與那些花草林木的接觸中，我的不快之感也煙消雲散了。」

假如你並不可能總是到戶外去活動，那麼，即使走到窗前眺望一下青草綠樹，也對你的心情有所裨益。有心理學家做過一個有趣的實驗，他分別讓兩組人員在不同的環境中工作，一

組的辦公室窗戶靠近自然景物,另一組的辦公室則位於一個喧鬧的停車場。結果發現,前者比後者對工作的熱情更高,更少出現不良心境,其效率也高得多。

(3) 經常運動

另一個極有效地驅除不良心境的自助手段是健身運動。即使只是散步10分鐘,對於克服你的壞心境也能有立竿見影之效,尤其是到視野比較開闊的地方運動,心胸也會隨之開放。研究人員發現,健身運動能使你的身體產生一系列生理變化,其功效與那些能提神醒腦的藥物類似。但比藥物更勝一籌的是,健身運動對你是有百利而無一害。不過,要做到效果明顯,最好是從事有氧運動──跑步、體操、騎車、游泳和其他有一定強度的運動,運動之後再洗個熱水澡,則效果更佳。

(4) 合理飲食

研究顯示,碳水化合物更能使人心境平和、感覺舒暢。營養專家認為,碳水化合物能增加大腦血液中血清素的含量,而該物質被認為是一種人體自然產生的鎮靜劑。各種水果、稻米、雜糧都是富含碳水化合物的食物。

(5) 積極樂觀

心理學家說:「一些人往往將自己的負面情緒和思想等同於現實本身。其實,我們周圍的環境從本質上說是中性的。是我們為它們加上了正面或負面的價值,問題的關鍵是你傾向選

第二章　起點可以低，格局必須大

擇哪一種。」

霍德斯做了一個極為有趣的實驗，他將同一張卡通漫畫顯示給兩組被試者看，其中一組的人員被要求用牙齒咬著一支鋼筆，這個姿勢就彷彿在微笑一樣；另一組人員則必須將筆用嘴唇銜著，顯然，這種姿勢使他們難以露出笑容。結果，霍德斯教授發現前一組比後一組受試者認為漫畫更可笑。這個實驗表明，我們心情的不同通常不是由事物本身引起的，而是取決於我們看待事物的不同方式。

其實，情緒就像一塊編織的彩毯，全看你自己喜歡用哪種色彩。如果你偏愛用灰黑色的毛線，你織出的毯子就會黯淡無光；如果你只用白色，毯子就會變成一片單調的空白；如果你善於使用各種顏色自然地交織，你就會織成色彩繽紛的彩毯。同樣的道理，如果可以合理地控制情緒，不將自己淹沒在情緒的低潮中，你們的人生也必定像一塊彩毯，生動繽紛，活得很有色彩！

能斷大事者，不拘小節

> 兩千六百多年前的鮑叔牙說過：「成大事者，不恤小恥；立大功者，不拘小節。」擺脫掉小節的牢籠，掙脫掉小節的束縛，才能更加寬以待人；不拘小節，勇於突破，發展才能更快更好。所以，想要成功，就不要被小節所累，灑脫一點，方得始終。

《後漢書》中評價虞延，說：「性純樸，不拘小節。」

《東周列國志》中提到，齊桓公舉薦甯戚，這樣形容：「此人廓大之才，不拘小節。」由此可見，「成大事者，不拘小節」自古以來都受到仁人志士的推崇。

《辭海》中對於「不拘小節」是這樣解釋的：形容人待人處世不被小事所約束。「拘」指的是不知變通的拘束與拘泥；「小節」指的是無關原則的細枝末節。「成大事者，不拘小節」有兩層意思：其一，對於那些要想成就大事的人，這是一種思考方式和做事方法；其二，對於那些已經有所成就的人，這是對他們的一種正面評價。

韓信是中國漢初時期著名的大將，是劉邦的開國功臣之一，少年時期就顯現出了非同尋常的氣度和志向。韓信小時候

第二章　起點可以低，格局必須大

讀了很多兵書，熟悉很多作戰方法，但是因為沒有人舉薦，一直當不了官。韓信很窮，家鄉的人都取笑他，有個年輕人常常當眾給韓信難堪。

有一天，這個年輕人在市場上碰見了已經餓得面黃肌瘦的韓信，當著眾人的面侮辱他道：「別看這小子個子比我高了很多，身上還掛著一塊破銅爛鐵，卻是一個膽小鬼，從來都不敢碰別人一根寒毛。不信就試試，如果他敢把自己的破銅爛鐵抽出來殺了我，就是個好漢，否則的話⋯⋯就是膽小鬼，就得從我褲襠底下鑽過去，哈哈！」

韓信心中暗暗生氣，恨不得一劍砍了這個地痞無賴。可是，轉念一想：自己是個殺豬的，殺了他，還要償命，為了這樣的人送死，太不值得了。即使想死，也得死在戰場上，絕不能與這些無知的傢伙為伍！

韓信用眼睛狠狠地盯著這個傢伙，直接趴倒在地上，從對方褲襠底下鑽了過去。

這時，周圍響起了人們的鬨笑聲。可是，誰都不會想到，這個當年遭受胯下之辱的韓信，幾年之後會成為劉邦手下的一員大將。在劉邦與項羽爭奪天下的時候，韓信帶領著十萬精兵，消滅了項羽幾十萬軍隊，成為無往不勝的將軍，為西漢政權的建立做出了重大貢獻。

《史記》中記載，項羽為劉邦擺了鴻門宴，宴席上形勢對

劉邦十分不利，樊噲對劉邦說，「大行不顧細謹，大禮不辭小讓。」做大事的人不必顧及小節，講大禮的人也不用講究小的責備。當下的情況太危急了，對劉邦的生命和事業都有很大的危機，這時候就不要在乎小禮節了。

古人很早就意識到了拘泥於小節的弊端，所以留下了這種言論來告誡後世的人們，不要在瑣事上投入太多的精力。早在春秋時期，著名的政治家管仲就提出：「千里之路，不可直以繩；萬家之都，不可平以準。言大人之行，不必以先帝常，義立之謂賢。」意思說：長達千里的道路，不能用繩墨來撥直；大到萬家的城市，不能用準具來維持平衡；偉大人物的行動，不需要據守先例和常規，能夠立義就能稱賢。而西漢劉向更為直接：「成大功者不小苛。」他們的理論，都展現了成大事者不拘小節。

曹操是個用人唯賢、不拘小節的人，覺得「人無完人，慎無苛求，才重一技，用其所長」。對有才的人，曹操沒有門第偏見，招攬了一大批有勇有謀的謀士。他們儘管個個性格奇怪，甚至有的人恃才傲物，卻對曹操統一北方提供了很大的幫助。

反觀諸葛亮，儘管他神機妙算，但是結局卻很不幸，「出師未捷身先死」，沒有實現他和劉備共同的理想與抱負。其很大一部分原因就是，諸葛亮總是事必躬親，在小事上浪費了大量時間，太過操勞，結果英年早逝。

第二章　起點可以低，格局必須大

　　古今中外，成大事者都對真正重要的事情有著明確的了解，以至於常常忽略了小節：愛因斯坦衣著邋遢；愛迪生在結婚典禮的時候突然想到一項資料，便跑回工廠去做研究……然而正因為對這些小節的「忽略」，才讓他們成就了別人不可為的大事。

　　對於利益糾紛，長輩們總是教育我們「吃虧是福」；對於人情的糾葛，退一步海闊天空；對於真正的事業，人們應該更為專注；不能斤斤計較，心懷怨恨，被各種不良的情緒所控制，拘泥於小節。今人如我，如你，應該學習前人的經驗，做一個有氣量、寬宏大度的人。

坐井觀天 VS 鳥瞰山下

> 人的視野決定了他的未來。像青蛙一樣，坐井觀天，世界就永遠只有井口那麼大。跳不出這口井，就永遠無法發現外面的世界，只能活在自己狹小的生活中。跳出這口井，鳥瞰山下，視野就會豁然開朗，就能看到更寬廣的世界。想要成功，就不要做目光短淺的井底之蛙，要做目光長遠的人！

一個人身在隧道中，他的視野就容易被限制在隧道之內，眼睛裡能夠看到的空間就和隧道一樣，這叫做隧道視野效應。這個心理效應告訴我們，人們很容易被環境所局限，會因此變得目光短淺，無法看到更寬廣的遠方。

同樣地，能夠說明這個道理的還有一個成語——坐井觀天。關於這個成語，想必大多數人都知道。一直生活在井底的青蛙，每天只能看到井口般大小的天，在牠的心中，世界也就只有井口那麼大。其實，只要牠從這口井跳出來，就能發現外面的世界要比在井底看到的更大許多。

《莊子・秋水》記載了這樣一個故事：

大河接受百川的灌溉，一路向東流去，認為自己的視野很

第二章 起點可以低，格局必須大

開闊，誰都比不上。可是到了北海之後，大河才發現，大海無窮無極，根本看不到盡頭。於是，只能望洋興嘆。

生活中，很多人經常自以為是、目光短淺，總是覺得自己的想法是最好的，認為自己的做法最出色。其實，他們很可能是被環境限制了自己的視野。很多人無法獲得成功，並不是因為他的能力比別人差，也不是因為他的專業能力不夠強，而是因為他的眼界不開闊。

人可以看得多遠，就能走多遠。目光狹隘、短淺，自然就無法比他人走得更遠，也無法比他人做得更好。

德懷特・艾森豪（Dwight D. Eisenhower），不僅是美國歷史上著名的五星上將，還是二戰盟軍的總指揮。

其實，說到帶兵打仗，艾森豪根本比不上其他名將。但是在所有的上將中，他的晉升速度卻是最快，而且還是美國歷史上唯一一個當上總統的五星上將。他之所以會創造出這些傳奇，都與他的眼界有關。

艾森豪天生就具備指揮和領導才能，視野開闊，具備大局觀。在珍珠港事件後，美國人立刻參戰，但美國政府卻遇到了一個難題：怎樣派兵？是將主要的力量放在太平洋戰場上專心對付日本人，還是放在歐洲戰場對付德軍？

對於這個問題，國務卿喬治・馬歇爾（George Marshall）和總統富蘭克林・羅斯福（Franklin Roosevelt）都一籌莫展。

這時，艾森豪說出了自己的看法，他覺得日本國土比較小，在亞洲又處於孤立無援的狀態，翻不起什麼大浪。從長遠的角度來看，德國實力雄厚，一旦德軍征服了歐洲，美國就會變得更為劣勢，到時候阿道夫・希特勒（Adolf Hitler）就更猖狂了，因此美國應該聯合歐洲各國對付德軍，阻止希特勒的陰謀。

其實，從個人情感角度而言，美國人民更願意攻打日本，而且日本人在亞洲的擴張對美國的利益造成了威脅。更何況艾森豪過去還在菲律賓服過六年的兵役，對日軍恨入骨髓。可是，他並沒有受到個人感情的影響，而是冷靜分析當時的時勢，從全球大局的角度考慮問題，最終認為：攻打日本是一種短視行為，要「先歐後亞」，並制定了一份詳細的美軍赴歐作戰報告。

對於艾森豪的大局觀和冷靜沉著的頭腦，馬歇爾與羅斯福都非常欣賞，便批准了這個計畫，還讓艾森豪擔任盟軍總指揮。在歐洲戰場上，艾森豪運籌決策，帶領將士擊垮了德軍，大獲全勝。

戰場上，將領的能力很重要，但是全面性思考、策略性眼光更重要，這就是將軍與統帥的區別。

大部分情況下，領導者在專業能力上也許不如執行者，但他們具備其他人達不到的眼界。他們可以看得更深、更遠，可

第二章　起點可以低，格局必須大

以想得更全面，最適合成為領導人。而有些人儘管擁有出色的執行力，但目光狹隘，無法成就大事。

「領導是雙眼，而非雙手和雙腳。」這句話很有道理，真正的領導者應該是眼睛，能夠看得長遠，而不是做事的手與走路的腳，領導者需要的不僅是能力，還有眼界。

眼界決定一個人的格局，格局成就這個人的人生。有的人會因為兩塊錢在菜市場裡與人大罵，有的人被誤解也能滿面春風，兩者之間的差距，就是眼界！

第三章
高度決定視野，遠見開創未來

第三章　高度決定視野，遠見開創未來

有野心者才有大格局

> 很多學者都在研究成功經驗，最終，他們得出了這樣一個結論：人人都有自命不凡的野心。「世界最優秀的人才是我們！」、「我能成為世界上最大、最好的公司CEO！」這種野心，成為人們的寶貴財富，造就了一批又一批的政治家、科學家和工商管理菁英。

野心與夢想、理想相比，它有具體的目標。比如想當政治家是理想，想當總統則是野心；野心與上進心、進取心相比，目標則更加遠大。如想當主任叫進取心，那麼想當總經理就是有野心了。

野心造就出許多偉大的人。出身貧寒的比爾‧柯林頓（Bill Clinton），17歲目睹了美國總統約翰‧甘迺迪（John F. Kennedy）的風采。當總統甘迺迪握住這位阿肯色州小男孩雙手的時候，他有了一個野心，他要成為美國總統。30年後，野心變成了現實！

畢業於哈佛大學，美國歷史上最偉大的總統羅斯福，患有小兒麻痺症。他經由比常人更加艱苦努力的奮鬥，在美國獲得廣泛的人心與支持，成為美國歷史上唯一一位連任四屆的總統。

有野心者才有大格局

有夢想，就應該有野心。偉大的人物正是在野心的催促下才成就其偉大。「不想當將軍的士兵不是一個好士兵。」拿破崙在幾百年前說的這句話，至今仍被人們廣為傳誦，而拿破崙這個名字也因為他的野心而突破了時空的限制，在一代又一代人之間流傳。我們說，歷史總是驚人地相似，在所有的成功者中，拿破崙不是唯一意識到「野心」重要性的人。另外一位成功的企業家，在臨終前以一道有獎徵答的方式提醒人們：野心也是一種積極的心態。

有一位年輕的媒體大亨，以推銷裝飾肖像畫起家，在短短不到十年內，快速躋身於法國 50 大富翁的行列。

這位富翁臨終前留下遺囑：將他 46 億法郎的股份捐獻給博比尼醫院，用於研究前列腺癌。還有 100 萬法郎作為獎金，送給揭開貧窮之謎的人。

法國《科西嘉人報》（*Corse-Matin*）在巴拉昂去世後刊登了他的這份遺囑。之後《科西嘉人報》便收到大量的信件，除了少數對該遺囑持懷疑態度的人，大多數人都寄來了自己的答案。

答案五花八門，應有盡有。很多人認為，窮人最缺少的是金錢。另外一些人認為窮人缺少機遇；還有人認為窮人缺少一技之長、窮人缺少別人的幫助與關愛⋯⋯

後來，在隔年富翁忌日，律師和代理人在他生前交代的公

第三章 高度決定視野，遠見開創未來

證部門的監視下打開保險箱，在 48,561 封來信之中，有一位名叫蒂勒的女孩的答案與富翁一致，他們都認為窮人最缺少的是野心——成為富人的野心。

報紙刊登謎底後，引起了不小的騷動。後來，電臺針對此話題採訪了一些好萊塢新貴及其他行業幾位年輕的富翁，他們都毫不掩飾地承認：野心是所有奇蹟的萌發點，是永恆的特效藥，有些人之所以貧窮，大多數是因為他們有種無可救藥的弱點，即缺乏成為富人的野心。

看了答案和那些富翁新貴們的觀點，我有一種「英雄所見略同」的感慨。我們不妨再問自己一遍同樣的問題：窮人到底缺什麼？缺錢嗎？窮人當然缺錢。但是，是什麼原因使他們缺錢呢？很多富人也不是天生就富有，他們之中很大一部分也是從窮人中走出來的，他們為什麼能夠成為富人呢？回答這些問題的答案只有兩個字：野心。因為有些窮人沒有野心，所以他們一直貧窮；成為富人的窮人有野心，所以他們最後成功了。這並非是在誇大野心的作用，心理學家森姆・詹納斯（Samuel Janus）應拿破崙・希爾（Napoleon Hill）的邀請，曾對眾多白手起家的百萬富翁進行過深入調查分析，發現他們均有一個特性，那就是對成功的強烈欲望和野心。

看到這裡，也許有人會說：「野心」不是一個貶義詞嗎？因為有野心的人時常代表壞人。在武俠劇或歷史事件中，很多

有野心的人為了實現自己的目的而不擇手段，最後當然是壞人有壞報。那麼，有野心也並不是一件什麼好事。然而，我們需要申明的是，上述的野心完全出於個人的貪欲，是不健康的野心，所以得不到好的結局。而現實中還存在著健康的野心，比方窮人成為富人的野心，下層人成為上層人的野心……這種野心通常是源於人類的虛榮心，人最大的虛榮莫過於對榮譽的追逐，它不僅對人沒有害處，還是一種積極向上的心態。很多名人都會認同這種野心，拿破崙就曾說過「不想當將軍的士兵不是一個好士兵」。而列夫‧托爾斯泰（Leo Tolstoy）年輕時也在日記裡寫道：正是自尊和野心時常激勵著我去行動。

所以，單純地看，野心是一個貶義詞，但是如果換個角度，我們不能否認健康的野心也有著正面作用。研究創造行為和科學多樣性的心理學家，也認為野心是一種最有創造性的興奮劑，他們相信野心在本質上就是充滿活力的東西。所以，健康的野心是努力的泉源和動力，它會讓你學會堅持，促使你更加努力，從而變得更加強大。

在成為 NBA 巨星之前，麥可‧喬丹曾被認為是一個有缺陷的球員。

高中的時候，喬丹的教練告訴他：「麥可‧喬丹，你的身高不夠高，沒有超過 180 公分。所以即使你球打得再好，以後也不可能進入 NBA，我們決定不要你這個球員了。」

第三章　高度決定視野，遠見開創未來

但是，生理上的缺陷並沒有阻止喬丹成功的野心，於是他就跟教練說：「教練，我不上場打球，可是我願意幫所有的球員提行李。當他們下場的時候，我願意幫他們擦汗。請您讓我在這個球隊，跟這些球員一起練球，這是我要成功的野心。」

教練發現麥可‧喬丹的野心十分堅定，超過了任何人，所以他接受了麥可‧喬丹的建議。

想要成功的強烈野心讓喬丹努力地練習打球。有一天早上8點，籃球場的管理員跑去整理球場，發現喬丹在地上睡覺。一問才知道原來是練球練得太累了，本來想坐在地上休息，沒想到竟然睡著了。

麥可‧喬丹早上練球，中午練球，下午跟著球員一起練球，晚上還要練球，他比任何人都要努力。這樣努力的結果是他不僅最終獲得了成功，身高也由不足180公分增加到了198公分。

喬丹的父親說，喬丹全家人的身高沒有一個人超過180公分，是想要成功的野心讓他足足長高了20多公分。

有野心就有無限可能，如今的我們生活在一個具有無限可能的時代，競爭也越來越激烈。無論是在個人生活中還是工作中，從來不曾有過這麼多人有這麼多機會能夠去創新。在這樣的年代裡，對任何人來說，沒有野心，就等同於沒有卓越的成就。

培養野心的方法：

（1）列舉出你的目標。拿出紙和筆，將人生中所想要做的事、想要得到的全部列舉出來，不管是否能夠實現、能夠得到，都一一列出。

（2）在你列舉的願望後面，按照你想實現的程度，將最想實現的排在第一位，次想實現的排在第二位，以此類推，為每一個願望編號。

（3）每天早、中、晚三次大聲念出這些願望，每念一次，就要在心裡對自己說：我一定要實現這些目標。經過反覆地念，這些目標就會深入你的潛意識，並不斷得到強化和訓練，成為你思想意識中最強烈的一部分。

（4）以自己最想實現的目標為目標，再分解為各個依次遞進實現的小目標，盡自己最大的努力去實現。當第一個目標實現後，再按照順序實現後面的目標。

第三章　高度決定視野，遠見開創未來

成功不是模仿，而是走自己的路

> 一直以來，很多人認為模仿是成功的捷徑，但事實上，很多成功案例都不是靠模仿而來的。每個人都是不同的，完全沒必要模仿別人的成功、走別人走過的路。成功者之所以會成功，是因為在奮鬥的道路上，不走別人的道路，不活在別人的陰影裡，堅持走自己的路，保持自己的本色！

我曾經讀過這樣一則寓言：

一頭驢子站在樹下吃草，這時一陣嘹亮的歌聲響起。牠抬頭一看，是蟬在樹上唱歌！驢子很羨慕，想跟蟬學習唱歌。驢子抬起頭，打斷了蟬，問：「你的歌真好聽，我能不能拜你為師，學唱歌。」蟬看了看牠，說：「其實，我也沒什麼祕訣，之所以能將歌唱得好聽，是因為我每天只要喝露水，什麼也不吃。」聽了蟬的話，驢子感慨：「這麼簡單！」於是，為了練好唱歌，驢子從那天開始也每天都只喝露水，不再吃草，結果幾天之後就餓死了。

每個人都有自己的特點與長處，但經常會忽視了自己的長處，只看別人的長處。結果，像那頭驢子一樣，無法將自己的

長處發揮出來，只能在模仿別人長處的過程中付出血淚的代價。別人能做得好，自己未必就能行，與其模仿他人，還不如充分利用自身的優勢，讓別人來羨慕你！

在美國音樂界，只要說起金·奧崔（Gene Autry）這個名字，人們都會豎起大拇指。靠著獨特的音色與演唱風格，他贏得了無數的鮮花與掌聲。其實，在成功之前，奧崔也走過一段彎路。

金·奧崔出生在美國德克薩斯州的鄉下，剛到紐約發展時，他覺得自己的口音既俗氣又難聽。為了讓自己像城裡的紳士那樣，奧崔便說自己是紐約人，跟他人說話也是小心翼翼的。可是，雖然他處處都認真模仿，人們還是看得出他是裝的，於是都在背後笑他，甚至還有人說他是個「偽君子」。得知大家對自己是這種評價之後，奧崔陷入了極度的迷惘，他不知道自己該怎麼做。

認真思考了一段時間之後，奧崔決定做回原來的自己──造假確實令人討厭，還不如展現真實的自己，即使人們嘲笑自己俗氣，至少自己不會感到疲倦。然而，奧崔沒有想到的是，當他用原有的音色演唱家鄉老歌時，聽眾竟聽得如痴如醉。從此，他便開始了自己的演藝生涯，成為世界電影界和廣播界都有名的西部歌星之一。

由此可見，一味地模仿，不僅不會帶來自以為是的成功，

第三章　高度決定視野，遠見開創未來

還會帶來恥笑與失敗。只有挖掘出自己的本色，才能發揮自我、成就自我。你可以學習別人，但不能一味地模仿。記住：你就是你，不要活在別人的影子下！大踏步地往前走，走出自己的風采，才能活出真正的自己。

每個人的性格、品格、形象都具有獨特性，完全沒有必要去嫉妒或羨慕他人的優點。羨慕是無知的，模仿則意味著失去自我。無論好壞，都要保持本色。

大千世界，人與人的性格不同，生活環境不同，身材、外貌不同，就像地上的樹葉一樣，遠看都一樣，近距離認真比較，每一片葉子都不一樣。人也是如此！即使是孿生兄弟姊妹，外表長得相似，但仔細觀察還是能把他們區別出來。這是人與生俱來的獨特之處，不能改變，也正是因為這種獨特，才使得世界更加豐富多彩。

有些人總是忽略自身的特點，刻意模仿別人，看到他人穿的衣服很漂亮，就想方設法買一件，但是穿在自己的身上是否合適，從來都不會考慮。追求不合適自己的模式是很難獲得成功的，也不會獲得幸福。保持自己的本色，堅持自己的特點，充分發揮自己，才是最聰明的做法。

有一個小女孩，從小就想當歌唱家，可是她長得很醜，臉比較長，嘴也比別人大，牙齒不整齊而且還有點暴牙。第一次在夜店當著很多人公開演唱時，她一直試圖用上嘴唇遮住自己

的牙齒,期望表現得好看一些,結果事與願違,出盡洋相。

這時,一個聽過她唱歌的人,覺得她唱得很好,很有天賦,便走到她面前坦率地說:「我剛剛一直在看妳的表演,看到妳想掩藏自己的缺點,妳是否覺得自己的牙齒長得很難看?」女孩感到很窘迫,那個人接著說:「長了暴牙並不是妳的錯,也不是什麼罪過!為什麼要試圖遮掩,要勇敢地張開妳的嘴。如果自己都不在乎,觀眾也不會太關注,也許那些妳認為醜的牙齒還會為妳帶來好運呢。」

女孩接受了這個人的忠告,儘量不在意自己的牙齒,演唱的時候只想著觀眾,完全投入到歌唱中。她張大嘴巴,用自己的熱情唱歌,終於成為一名家喻戶曉的明星,讓眾多演員競相模仿。

從某種角度來說,每個人都有同樣的潛力,不應浪費任何時間去憂慮自己比不上他人。遺傳學早就揭示出了這樣一個祕密:「你是世界上獨一無二的人,以前從來沒有出現過同樣的你,從開天闢地到今天,沒有哪個人與你完全一樣,很久以後甚至永遠,也絕不會有另外一個人與你一樣。」每個人都是獨特的個體,都是由父母各自的 23 對染色體發生作用的結果,46 對染色體交會在一起,決定了你的遺傳基因。每條染色體裡都可能有幾十個到幾百個遺傳因子,在特定的情況下,每個遺傳因子還會發生改變。你就是你,要為自己是世界上一個獨特的人而感到驕傲!

第三章　高度決定視野，遠見開創未來

　　從某種意義上來說，任何事情都帶有一些自傳體的性質，你唯一可以做的就是呈現出一個由自己的經驗、環境和家庭所造就的你；不論好壞，都要創造一個屬於自己的環境；不論好壞，都要在生命的樂曲中演奏出屬於自己的風采；不論好壞，都應該保持自己的獨特本色。

　　在浩瀚的宇宙中充滿了眾多不可知的事物，只有好好經營自己的那塊土地，才能得到滿意的收成。自然界賦予人們的是一種與眾不同的新能力，除了自己，沒有人知道你能做什麼。想要消除憂慮心理，就不要模仿別人；找回自己，保持自己的本色，堅持走自己的道路，才能走向成功！

給予是一種美德，償還是一種責任

> 根據心理學的研究，人們對別人的幫助或饒贈很難做到置之不理，就算我們不願意或者力不從心，也不想背負有愧於對方的心理負擔。法國人類學家馬塞爾・莫斯（Marcel Mauss）說：「給予是一種責任，接受是一種責任，償還也是一種責任。」當有人給予你幫助的時候，你肯定會感覺有愧於他，總是想找個機會償還。

什麼是互惠原理？簡單地說，就像幼稚園小朋友之間：你給了我一顆糖果，我給你一張鹹蛋超人的卡片。即使我不給你卡片，還可以用其他的方式補償；假如我什麼都不還你，我多少會對你有一種愧疚感。

互惠原理在生活中幾乎無處不在，大到國際關係，小到鄰里相處，人與人的交往，甚至是螞蟻和螞蟻之間都存在著這樣的互惠原理。那麼，互惠原理有什麼用呢？以某些社團活動舉例，他們就是使用互惠原理來宣傳自己。社團成員高舉著牌子，手裡拿著一袋糖果，在人群中來回穿梭，免費向路人發糖果。目的不就是希望更多的人關注自己、加入自己的社團嗎？

很多商家也在積極利用互惠原理，以達到促銷目的。比如

第三章　高度決定視野，遠見開創未來

一些商店請路人免費品嘗自己的糕點或者免費使用自己的商品，最終目的就是為了讓路人購買他們的商品。假如你接受了商店免費提供的兩塊餅乾，儘管覺得味道不怎麼樣，但你一定會想：我是不是該買一袋呢，吃都吃了，不買的話是不是會很無理。這就是互惠原則的巨大殺傷力！在這種原則背後暗藏的是推動人類數千年來不斷發展的文明力量，所以運用在銷售領域是屢試不爽。

當然，並不是所有的情況，互惠原理都能達到促銷的結果。小明是一個廣告業務員，由於剛剛入行，他想迅速建立起自己的人脈，多拿些廣告訂單。於是，聽從了一位「行銷高手」的建議，利用互惠原理，不斷地向客戶送禮，包括書籍、服裝、化妝品、家電等。但是，效果並不是很好，年終他才發現自己的訂單和向客戶送的禮物相比，竟然是虧本的。

為什麼互惠原理在銷售領域「失靈」了？

首先，因為行業的激烈競爭，互惠原理已經被運用到了極致，客戶有了防範心理。禮物是拿了，但不會有什麼心理反應。客戶事先已經知道你送禮的最終目的，所以很難把收受禮物和生意連繫在一起，更談不上什麼心理負擔了。最重要的是，很多業務員無法向客戶傳遞這樣一種訊息：我買的禮物是自己掏的腰包！

那怎麼解決這樣的問題呢？一是持續送禮。就算是一個經

常收到鮮花的女孩，只要你堅持送一年，她也至少會為你傾倒一次。人心都是肉長的，道理也是一樣的。二是在贈送禮品的時候直接強調自己不是為了銷售目的，並且對客戶說：請您不要有什麼心理負擔。這樣做的目的就是讓對方的心理負擔更加強烈。三是對客戶進行詳盡的調查，在客戶需要的時候即時出現，在生活和感情上提供幫助。「雪中送炭」要比「錦上添花」更讓人感動！

　　如果仔細觀察的話，說不定現在就有人對你使用互惠原理。比如說有朋友想找你幫忙，通常會請你吃飯或者送你一些東西。在銷售的時候，我們一方面被互惠原理利用，一方面也可以利用互惠原理。

第三章 高度決定視野，遠見開創未來

找到你的優勢，你就贏了

> 人生在世，誰不想達成某些成就。但是，為什麼有的人究其一生也是碌碌無為？其中的一個原因就是沒有發現人生的優勢。對於任何一個人來說，優勢都是他的人生主力，必須把自己的優勢充分發揮出來。要成功，就要了解自己的優勢，利用自己的優勢，把自己的優勢發揮到極致。

木桶是由許多塊木板組成，盛水量的多少也是由這些木板所決定。如果其中一塊木板很短，木桶的盛水量就會受限，這塊短板就會成為木桶盛水量的限制因素。如果想增加木桶的盛水量，必須將短板加長。人們通常把這一項規律叫做「木桶原理」或是「短板理論」。

「木桶原理」是由美國管理學家勞倫斯‧彼得（Laurence J. Peter）提出來的，他認為：一個木桶不論有多高，它的盛水量的多少都取決於組成這個木桶最低的那塊木板。怎樣才能極具長板呢？答案很簡單，就是要將某一個領域或某件事做到極致。

比長更長，才能夠比強更強！對於每個人來說，如果想成

功,就一定要找到你的優勢。然後,積極發掘這些優勢,就一定可以獲勝。

在這個競爭激烈的社會中,人和人之間的競爭就是優勢的競爭。無法發揮自身的優勢,一直在自己不擅長的方面跟別人競爭,用自己的短處攻擊別人的長處,勢必將遭到失敗的打擊。

沒有優勢,便無法成功。不懂得合理利用自身的優勢,就等於沒有優勢,也不會獲得成功。一個在很多方面都具有優勢的人,如果每天都從事著和自己優勢不相關的工作,就一定難逃平庸的命運,只有充分利用自己的優勢,才能成功。

哈斯曼大學畢業後應徵到一家銀行上班,不久之後的一天,經理把他叫到辦公室,說:「哈斯曼,我觀察了你一段時間,發現你總是不按我們的要求去做。」

「我一直都在努力地工作。」哈斯曼為自己辯解。

「問題就在這裡,」經理說,「你雖然工作很努力,但是效果不好。看來這份工作並不適合你,你有點力不從心,繼續做下去,就是浪費時間。」

哈斯曼聽了經理的話,感到很難過,用手捂住自己的臉,說:「如果我被公司辭退,我的爸媽一定會很難過。一直以來,他們都為我獲得這份體面的工作而感到驕傲。」

經理表示理解,用一隻手拍了拍哈斯曼的肩膀,說:「每

第三章　高度決定視野，遠見開創未來

個人的才能都不同，工程師不識五線譜，音樂家背不全九九乘法表，這都很正常。但是，每個人都有自己的優勢，你也不例外。我相信，離開這裡後，你一定能夠找到真正適合自己的工作。到那時，你爸媽才會真正為你感到驕傲。」

離開銀行後，哈斯曼又開始找工作，最後找了一份為別人修剪園圃花草的工作。不久之後，人們都發現，只要是經哈斯曼之手修剪過的花草都十分繁茂美麗，經過他布設的花圃都令人賞心悅目。

有一天，哈斯曼經過市政廳，發現市政廳的後面有一塊場地堆滿了垃圾，便走進市長辦公室，對市長說：「市長先生，能否允許我把後面那個垃圾場改成花園？」

「市政廳沒有處理這塊場地的預算。」市長說。

「我不需要錢，」哈斯曼說，「您只要讓我去做這件事就行。」市長感到很驚異，他從政這麼久，還沒有碰過哪個人辦好事而不要錢呢！於是，便批准讓哈斯曼處理這塊空地。

第二天，哈斯曼帶著自己的工具、種子、肥料來到市政廳後面。

「市政廳後面的垃圾場正在施工，馬上要變成一個美麗的花園啦。」消息很快就傳開了。一些熱心的市民還為哈斯曼送來樹苗，一些熟人為他送來玫瑰插枝，小鎮最大的家具廠還免費提供長椅……不久之後，這個垃圾場變成了美麗的公園。綠

油油的草坪，美麗的花朵，彎彎曲曲的小路，市民們坐在嶄新的長椅上可以聽到鳥兒在唱歌。

人們都說哈斯曼做了一件了不起的事。出乎哈斯曼意料的是，市民經由這個小公園看到了哈斯曼的才能，一致認為哈斯曼是一位天生的園藝家。

之後，哈斯曼成立了一家園藝設計公司，靠著卓越的業務能力，僅用了短短的一年時間，就發展到周邊的幾個城市，生意興隆。

每個人都有自己的長處與短處，只要學會揚長避短，就能發光發熱，發揮自己的長處，才會有所收穫。人不可能做任何事都考慮全面，只有充分利用專屬自己的優勢，才能夠走向成功。

優勢創造成功。人生的關鍵問題，就在於要了解自己的優勢，懂得分析自己的優勢，並且善於利用自己的優勢，將自己的優勢逐漸轉化為成功的能量。歷史與現實告訴我們，只有善於利用自己優勢的人，才能讓自己的人生升值。

每個人都有自己的優勢，單純地充實、修補自己的弱勢，不僅無法獲得成功，還會讓自己變得平淡無奇。成功者之所以成功，就是因為他懂得利用自己的優勢。

韋伯納是企業家的楷模、C 羅是足球先生、帕華洛帝（Pavarotti）是美聲歌王、喬丹是籃球飛人、莫言是諾貝爾文學獎

第三章 高度決定視野，遠見開創未來

的得主……這些菁英之所以如此出類拔萃，就是因為他們懂得利用自己的優勢，且最大限度地發揮優勢。

很多沒有成功的人，就是因為沒有找到自己的優勢，沒有把自身優勢發揮出來。優勢就是能量，只有把自己的能量發揮出來，才能走向一條成功的道路。成功，最重要的就是找到並發揮自己的優勢！

你的眼光決定你的成就

> 人在生活中,一定要有遠見,對未來的理想有清楚明確的理解。一個人的成功在相當程度上取決於心中的動力,如果你缺少了努力的方向,沒有目標,就難以達到理想的高度。哈佛大學的教授說:「投資眼光的高低與你的成就是成正比的。無法想像一個對投資前景沒有把握的人,將怎樣取得好的成就。」

世界知名學府哈佛大學的歷屆校長都很重視現在流行和熱門的學科,更關注一門學科未來的發展趨勢和前景。基於這樣的理念,哈佛大學對學生提出:投資未來的人是忠於現實的人。

投資未來,必須是建立在現實的基礎上,否則這種投資將變成「無源之水,無本之木」,即使真的按照計畫進行,也會過早夭折。而現實的投資,是指從自己的實際情況出發,努力地改善現狀,在這個基礎上精心規劃未來的發展。

1990年代初期,網路域名是可以免費註冊的。麥克遜・吉爾為自己註冊了一個網域名 cool.com,當時他還是海冰大學的一名大學生。他希望能夠提升這個網域名的價值,讓他賺取中間的利益。

第三章　高度決定視野，遠見開創未來

　　可是他的做法一直不被朋友們看好，他們無法理解吉爾要一個域名有什麼用。吉爾也曾多次想過變賣這個域名，以換取學費和生活費用，但最後他還是堅持持有 cool.com。

　　兩年後，吉爾幾乎每週都會接到許多電話，想要購買 cool.com 這個網域名，其中有許多銀行、公司，但是他沒有答應。最後，吉爾在紐約將 cool.com 這個網域名以 300 萬美元轉讓給一家著名的公司，吉爾超前的眼光使自己致富。

　　當時很多人無法理解這家買下吉爾域名的公司，只有 7 個字母加 1 個圓點，8 個符號而已，為什麼花這麼多錢？可是後來，這家公司讓這個網域名的價格攀升了近 20 倍，高達 5,000 萬美元。

　　具有投資眼光的人能夠找到今天與未來的關係，並且積極地行動，為美好的明天打下基礎。可以說，有什麼樣的目標，就有什麼樣的未來。確定了人生的目標，就是投資未來的第一步，同時，也打開了成功的大門。但是，在實現理想的道路上，仍需要腳踏實地的努力，用行動來實踐，而不是一直等待，不思進取。

　　有一天，里根去拜訪多年未見的老師。老師見了里根非常高興，就詢問他現在的情況。

　　里根一肚子的委屈，他說：「我對現在的工作一點都不喜歡，與我學的專業也不相關，整天都萎靡不振，薪資更是低得

可憐，只能維持基本的生活，我總是感到空虛無所事事。」

老師吃驚地問：「薪資雖然低，那也不可能天天無所事事啊？」

「我沒有什麼事情可做，又找不到更好的發展機會。」里根無可奈何地說。

「其實並沒有人束縛你，你不過是被自己的思想限制了。明明知道自己不適合現在的位置，為什麼不去學習其他的知識，找機會自己跳出去呢？」老師勸告里根。

里根沉默了一下，說：「我運氣不好，什麼樣的好運都不會降臨到我頭上。」

「你每天只是期待好運的到來，卻不知道機遇早就被那些勤奮執著的人搶走了，你永遠躲在陰影裡走不出來，哪還會碰上什麼好運。」老師語重心長地說，「一個沒有進取心的人，一個懶惰對待未來的人，永遠都不會得到成功的機會。」

老師簡單的幾句話，讓里根茅塞頓開。他深刻檢討自己，發現自己一直在自怨自艾，抱怨命運的不公，卻忘記未來是掌握在自己手中的。只有從現在開始，轉變自己的心態，全心全意投入生活中，重新定位自己的方向，對未來進行投資，才會擁有美好的明天。

要妥善地投資未來，就要累積一定的資本，最重要的是累積自身的資本：努力提升自己的能力，提高自己的綜合素養。

第三章　高度決定視野，遠見開創未來

我們要不斷充實自我，積極應對各方面的挑戰，要不怕吃苦，勇於付出，只有這樣，才有成就未來的資本。但很多人只看到成功以後的輝煌，卻看不到背後的努力。他們不知道，要實現更美好的未來，就要不懈地堅持，不斷地付出。

當今社會，知識更新速度快，如果不加強學習，對將來的發展不做足夠的準備，就會遭到時代的淘汰。想要順利地前進，就不能安於現狀，要不斷追求，這樣才會有前進的動力。

你今天所付出的一切，在將來都能得到回報，一分耕耘就會有一分收穫。從某種程度上說，每個人都是自己的投資者。如果你不努力，不付出，不讓自己有所進步，就會像存摺裡的金錢一樣，不僅不會有利息的回報，反而會使錢財不斷流失，最終讓自己身無分文。所以，一定要不斷地前進，增加自身籌碼。

做事別越位、別錯位

> 很多人，活得糾結、痛苦、失敗，甚至活在埋怨和嗔恨之中。其實根本原因是他們沒有看清楚自己的位置，也不了解自己的位置，做事總是越位、錯位，從而讓自己一塌糊塗。所以，想要走過人生糟糕的漩渦，就一定要釐清自己的位置，做自己應該做的事情，隨時做到在其位、謀其職。

琳達出生於香港的音樂世家，從小就受到一般人接觸不到的音樂環境與音樂啟蒙。她喜歡音樂，希望自己可以生活在音樂的廣闊天地中。但是，她卻被一所大學的工商管理系錄取了。

一向認真的她，即使對這一項專業並不喜愛，可她依舊學得很認真，各科成績都很優異。畢業直接被保送到美國麻省理工學院，攻讀了MBA，後來，又拿到了經濟管理專業的博士學位。現在，已經是美國證券業界的風雲人物。

朋友問她對這件事的看法，她心存遺憾地說：「我現在從事的工作不是自己最心儀的，如果可以重新選擇，我會毫不猶豫地選擇音樂，但是我知道那僅僅是個『如果』，所以現在我必

第三章　高度決定視野，遠見開創未來

須對自己的工作負責，把手上的工作做好才是做重要的⋯⋯」朋友又問：「你不喜歡自己的專業，為什麼學得這麼棒？不喜歡這份工作，為何還能做得那麼優秀？」

「因為我在這個位置上，就要在其位、謀其職，就要盡到自己應盡的職責，必須認真對待工作，」琳達眼裡閃著堅定的光，「不論喜不喜歡，都需要自己面對，沒有理由草率對待，必須盡心盡力，不僅是對工作負責，也是對自己負責。」

琳達對自己所從事工作有著一種敬重與責任感，凝聚了她獨特的處事理念。正是這種「在其位，謀其職」的敬業精神，讓她獲得了其他人無法獲得的成功。

因為一些原因，很多人都會被命運安排到自己並不熱衷的領域，從事自己並不喜歡的工作，但又一時無法更改。這時，不要抱怨、不要心懷不滿，只有勇敢面對現實，把當前的工作做好，全心地投入到工作中，才是最正確的選擇。所有的成功，都是從對於所做事情的忠實和認真中逐漸演繹出來的。

孔子說：「不在其位，不謀其政！」曾子也強調：「君子思不出其位。」其實，兩人說的是同樣的意思，就是告誡後人：要做自己應該做的事情，不要思考不在自己思考範圍內的事情。只有不錯位、不越位，才是人生大智慧。

這裡，所謂的「位」，指的是一個人的職位、地位、身分⋯⋯

人生在世，面臨著各式各樣的誘惑，但是我們擁有何種角色、地位，就擔負著何種職責，就需要完成相應的職責。

一個人可以同時擁有很多重要的角色，但這些角色都處於不斷的變化中，不同的角色需要承擔的職責也各不相同，也就是所謂的「在其位，謀其政」。在家中可以是兒子、丈夫、父親，在公司可以是主管、員工……要正確理解這些角色，扮演好不同的角色。

王小姐在一家跨國集團分公司工作，經過多年的努力，成為公司的公關部經理。

有一次，公司高層舉行宴會。宴會當晚，當公司高層和分公司總經理致辭的時候，王小姐拿著麥克風一一介紹他們出場。輪到她的上司出場時，她畫蛇添足地說了一番感謝詞，雖然沒有幾句話，但讓總公司主管感到很不舒服。因為作為宴會司儀，她只要介紹上司出場就可以了，沒有獨立發言的權力。總公司主管找到她，主動跟她交談，聊了一些關於公司的事。結果發現，在提到公司事務時，王小姐有很多意見，毫不顧忌主管的面子，甚至還有一點咄咄逼人，好像她才是上司一樣。

宴會後，王小姐的主管被上級邀請過去開會，詢問他有沒有堅守自己的職位，是否應該由公關經理代為處理日常業務。主管知道，問題出在王小姐身上，之後便找了一個冠冕堂皇的理由，辭掉了她。

第三章　高度決定視野，遠見開創未來

　　工作中，任何人都有專屬自己的位子，即使工作十分出色，也不能得意忘形。如果不小心跨到別人的地盤上，難免會被上司戒備、遭到同僚的猜忌。王小姐因為業績突出，在商場中有著一定的聲譽，所以有一點自傲，在宴會中搞錯了自己的位置，讓自己的風頭凌駕於上司之上，才有了後面的結局。

　　與客人應酬、參加宴會，如果有主管在場，就要適當地襯托主管。作為下屬，如果對事情過於積極，例如，搶先跟客人打招呼，太過度地表現自己，只能說明上司不盡責，只會引起上司的反感。一定要找到屬於自己的位置，不要越位，更不要讓別人占據了原本屬於自己的位子，如此才能跟他人協調合作，才能推動自己的事業不斷向前發展。

　　知道什麼事情該做、什麼事情不該做，是一種智慧，更是一種氣度。只要將自己的本職工作做好即可，對於超出自己職務範圍的工作，即使有能力做，也儘量不要插手。如果別人請求幫忙，可以適當地提點與協助，但是一定要注意做到不越位、不越權，如此才能越走越好，越走越平穩。

學習是提升視野的階梯

> 學習，是人生的轉捩點，是成功的一條路，成功源於學習。只有學習，我們的視野才會更開闊；只有學習，才能高瞻遠矚，指點江山；只有學習，才會擁有更加寬廣的人生格局。學習，成就成功。無數成功人士的案例告訴我們，想要有所成就，就得踏踏實實地從學習開始。

「欲窮千里目，更上一層樓。」站得高，才能看得遠。視野是否足夠開闊，決定著事業規模的大小。不懂得學習，故步自封，只顧眼前利益，沒有長遠打算，怎麼可能將事業發展起來？拿破崙說「不想當將軍的士兵不是好士兵」，這句話經過時間的沉澱仍被人們銘記，成為眾人引用的經典名言。這句話說明了一個道理：視野成就事業。然而，視野和學習存在著密切的關係。要提高自己的事業，將事業做大，首先就要懂得學習、善於學習，一葉障目，目光短淺，做不了大事業。

清朝商人胡雪巖說：「你有一縣的眼光，就會有一縣的生意；你有一省的眼光，就會有一省的生意；你若有天下的眼光，就會有天下的生意。」生活中，許多人都有很強的事業心，都

第三章　高度決定視野，遠見開創未來

想做一番大事業，但是因為不懂得學習，做事缺乏深度規劃和策略頭腦，只能做些小規模的事情，日子雖過得安穩，但沒有什麼大發展。

善於學習，也就有了前進的目標與方向，有了強大的進取動力和創造力。不懂得學習的人，一般都驕傲張狂，缺乏長遠的眼光，只能看到眼前利益，不懂得擴寬眼界，急功近利、投機取巧，自然也就沒有足夠的魄力和魅力。

有一位哲人曾說：「在這個世界上，你的目標、你的眼光、你對未來的看法和想法，都決定著你未來的高度！」如果想做一番大事業，首先就要多學、多習、多想。

首先，不斷學習。要成就一番事業，就需要大量的知識累積和培養文化底蘊。只有掌握多種知識，不斷充實自己的知識結構，用知識武裝自己，才能夠脫俗，才能提高自己的人生視野。

其次，多思考。不論什麼時候，正面思考都是一種積極向上的力量。要擁有開闊的視野，就要在學習中養成積極思考的習慣。不論遇到什麼事情，都要問「為什麼」，要有探究精神，把問題徹底釐清至水落石出。

再次，研究和借鑑他人的經驗。研究是思考更深層次的發展，喜歡研究問題的人，多半都是有想法、有作為的智者。要提高自己的視野和精神境界，就要具有策略性眼光，就要研

究和思考人生面臨的深層次問題,找到解決問題的邏輯。智慧和眼界不夠,就要向他人學習,善於學習的人都會向優秀者學習,用他人的智慧來提升和充實自己。

再其次,多讀書。「書籍是人類進步的階梯。」每一本書都包含著不同的知識,閃爍著人文、歷史、藝術、文化、科技的光芒。因此,想要提高自己,就要多讀書。

第三章　高度決定視野，遠見開創未來

要有動物般的危機意識

> 一位知名企業家曾說：「人，每成功一次，智商就下降一截；每失敗一次，智商就上升一截。」這告訴我們：生活得太過安逸，遇到事情時就會手忙腳亂，迷失人生方向，最終被社會拋棄；具備危機意識，不斷督促自己，才能終有所成。所以，不管在任何時候，都必須保持一份「如履薄冰」的危機意識。

古語云：「生於憂患，死於安樂。」政權沒有危機意識，遲早會垮掉；企業沒有危機意識，也會如此；個人沒有危機意識，結果也是一樣。

未來是不能預測的，而人也不可能每天都有好運，因此必須要有危機意識。只有提前在內心和實際作為上有所準備，才能應付突如其來的變化。沒有準備，就不要談變化，僅心理受到的衝擊，就會讓你手足無措。

《伊索寓言》中有這樣一個故事：

每天，除了出去獵食，野豬就對著樹幹磨牠的獠牙。

有一天，狐狸悠閒地走過這裡，看到野豬的樣子，一臉不屑地說：「天氣這麼好，為什麼不躺下來休息一下？而且，現

在也沒有獵人！」野豬回答說：「等到獵人和獵狗出現的時候再來磨牙，時間就晚了。」

這隻野豬就具有「危機意識」。有了心理準備，出事之後，才不會慌了手腳。人最怕的就是一直過安逸的日子，並且安於現狀，不思進取！

有一位食品加工業老闆，年輕的時候在部隊服役，那時候他就承包過養蝦場；後來，他還做過蝦產品加工和出口，之後又做了魚粉和進口生意。十年後，他累積了 1,000 萬元的資產，之後生意更是如火如荼，1993 年他的資產已經破億。

有了足夠的資金，他開始擴張魚粉生意，以低價打開整個市場，經過幾年的發展，成了當地的「飼料大亨」，每年銷售量都翻倍成長。到了 1998 年，他的事業名氣越來越大，甚至成了全世界進出口魚粉貿易量最大的公司，資產推測上看 30 億元。賺到足夠的錢後，他開始想做些投資。經過多方研究，他發現，很多人都投資了高科技產品。於是，在 1997 年 11 月他拿出 1 億多元，投資網路技術開發和電子商務領域。可是，好景不長，因為他缺乏危機意識，對科技也不甚了解，相關的投資一直虧空，甚至需要拿魚粉生意的收入去填補科技投資的空缺，導致魚粉生意每況愈下，公司徹底垮掉。從白手起家到 1,000 萬元在手，花了將近十年；從 1,000 萬元到 3 億元，花了將近四年；從 3 億元到 30 億元，經過大約四、五年……而

第三章　高度決定視野，遠見開創未來

從 30 億元到一無所有，僅過了兩、三年。

由此可見，不管在什麼時候都必須具備危機意識，否則辛苦獲得的成功很容易在瞬間化為烏有。

昨日的輝煌不代表今天的成就，「未雨綢繆」、「居安思危」是每個人都應具有的危機意識。巔峰狀態也是危險的開始，美國未來學家艾文‧托佛勒（Alvin Toffler）認為：「生存的第一定律是：沒有什麼比昨天的成功更加危險。」所以，不能陶醉在自己過去的成功裡，要永遠保持危機意識。

李嘉誠說：「我 90％的時間都在考慮失敗。」連成功的企業家都具有很強的憂患意識和危機感，那麼，作為普通人的你，為何不能如此？發展到一定程度，貪圖安逸，不願意像之前那樣繼續付出，不願積極學習，便很可能遭遇瓶頸，最後被淘汰。

第四章
你的思考方式决定你的人生

第四章 你的思考方式決定你的人生

只看到眼前的人找不到大舞臺

> 一個人眼界的高低，直接決定了他的思考方式。在看待問題的時候，僅僅用世俗的眼光，就只能墨守成規地去判斷事物的價值；只有目光長遠的人才能高瞻遠矚，才能看到事物的真正價值，才能抓住從自己眼前走過的每一個機遇。目光長遠，就能擁有更大的境界，就能更妥善地理解自己，進一步發展和成長。

無論什麼時候，一切急於求成的思想與行為都是短視、淺薄的。要獲得美好的人生，就要將目光放長遠，向著目標不斷努力，不能只盯著眼前的一丁點利益。

一個年輕人很期望成為富翁，便向鎮上最大的富翁請教成功之道。富翁並沒有告訴他如何才能成功，只是拿出三塊不同大小的西瓜擺在年輕人面前，說：「如果每一塊西瓜代表一定程度的利益，你會選擇哪一塊？」

「最大的！」年輕人想都沒想就說。

富翁笑了笑說：「那好，請吧！」

富翁把最大的那塊西瓜遞到年輕人手上，自己卻吃起了最小的那一塊。不久，富翁吃完了手裡的西瓜，隨後拿起桌上最

後一塊西瓜，而年輕人還在大口大口地啃著最大的那塊西瓜。

富翁拿起西瓜在年輕人面前晃了晃，年輕人立刻就理解了富翁想表達的意思：富翁吃的西瓜雖然沒有年輕人的大，卻比年輕人吃得更多。如果每一塊西瓜都代表一定的利益，那麼富翁占得的利益顯然要比年輕人更多。

吃完西瓜，富翁對年輕人說：「想成功，就要懂得放棄，只有放棄眼前利益，才能獲得長遠的利益，這就是我的成功之道。」

成功之道就是這麼簡單，做人也是這個道理。

乾隆皇帝下江南的時候，來到鎮江金山寺，登高看著江面上的船隻，他問身邊的僧人：「江面上每天有多少船隻往來呀？」高僧說：「只有兩隻，一隻叫利，一隻叫名。」

人生來就要面對名與利這兩條船，平凡的人之所以不能獲得大利，就是因為他們對眼前的利益過於看重。被眼前的利益迷惑，沉溺在當前的利益中，不懂進取，失去了做人的鋒芒與魄力，只在同一個層次內不斷徘徊，不懂得創新，也不敢突破。

華特‧迪士尼說：「做人如果不一直成長，就會逐漸走向死亡。」人只有在不斷地進取中才能保持思考敏捷、頭腦靈活、行動矯健、思想豁達、心靈純粹。人生就像是逆水行舟，不進則退。這是客觀規律，每個人都沒有倖免的權利，又怎麼

第四章　你的思考方式決定你的人生

能夠懈怠生活呢？

夏爾・戴高樂（Charles de Gaulle）說：「眼睛所到之處，是成功到達的地方，只有偉大的人才能成就偉大的事。他們之所以偉大，是因為他們決心要做出偉大的事。」田徑老師告訴我們：「跳遠的時候，眼睛看向遠處，才會跳得更遠。」同樣地，如果想成就一番大事業，也要將目光投向遠處，要樹立遠大的理想。思想深遠，視野開闊，按照既定的目標不懈努力，最後才能取得成功。

比爾・蓋茲是商界的神話，他的成功不僅因為他擁有常人無法企及的智慧，更是因為他具有別具一格的長遠眼光。他用預測未來的精神引導自己突破了一個又一個難關，如今他曾對電腦做的預言已經成為現實。

1980年代，大型電腦壟斷市場，比爾・蓋茲那時候說了一句話，讓全世界都震驚：「我們的目標是讓每一張辦公桌上及每一個家庭都擁有電腦。」創業初期，比爾・蓋茲為自己的公司取名為——微軟，就是「微電腦軟體」的意思。

比爾・蓋茲覺得，雖然當時的大型電腦有一定的優勢壟斷整個電腦行業，但是濃縮的才是精華，體積龐大的電腦不方便，操作複雜，總有一天會被微型電腦取代。

帶著這種理想，比爾・蓋茲引領微軟公司不斷地進行改進。如今，微軟已經成為全世界最大的電腦產業公司，而比

爾・蓋茲也成了世界首富，世界上至少有 3 億人都在使用微軟作業系統。

比爾・蓋茲完美地詮釋了「眼界多大，舞臺就有多大」。他的心夠大，眼光也夠高，他從一開始成立公司就大刀闊斧，想成立一個讓世界都為之側目的公司，要讓每一張辦公桌上及每一個家庭都擁有電腦。帶著如此大的野心，他付出了努力，果然獲得了成功。如今，我們提到成功、提到富翁，腦海中第一個反應就是比爾・蓋茲。他，就是高眼光鑄造成功的經典案例。不論什麼事業都是從小開始的，由小到大，逐漸變強。換句話說，每家公司最開始都像一隻小昆蟲，怎樣由小到大、由弱到強，由小昆蟲成長為龐大的動物？要像比爾・蓋茲一樣，具有遠大的目光。

平庸的人最缺乏的是什麼？眼光！僅僅關注眼前利益，只看得到眼前的風景，與井底之蛙有什麼區別？登高瞭望遠方的風景，才能擁有更大的機會。

高瞻遠矚的眼光，就像一支正蓄勢待發的弓箭，這支弓箭會將我們運送到財富創造的下一個階段。如今我們所說的「資訊高速公路」一詞及相關思想，早在十幾年前比爾・蓋茲就已經提到過，只不過當時不被人們理解。直到今天人們才看到，比爾・蓋茲之前的一些言論已經變成現實。這位電腦及商界的天才又一次用自己的科學預言推動了時代向前的步伐。

第四章　你的思考方式決定你的人生

　　比爾・蓋茲說：「眼光是創造成功的充分必要條件。」世間之大，遠超乎我們的想像；世間其實也很小，比我們想像的還小。沒有開闊的眼界，就不可能擁有崇高的境界。

　　眼界決定了境界，眼界就是境界的前提！

要當老闆就得學老闆的思考方式

> 對於普通職場人士來說，即使學歷再高、能力再強，若思考方式不對，一切就是錯的。思考決定行為，一個人擁有什麼樣的思考方式，就會做出什麼樣的行為。一個人的想法，決定了他的做法。所以，要成為一個優秀的人，想走向事業的頂峰的人，就要擁有必勝的邏輯 ── 老闆邏輯，多站在老闆的角度思考問題。

作為企業員工，進一家公司就談利益，每天最關心的事情就是：幾點下班，晚上吃什麼飯，什麼時候放假……初出茅廬的職場新人，你知道老闆是如何想你的嗎？很多時候，如果想得到老闆的賞識，最好站在老闆的角度去思考問題……

在這個現實的社會，人們都急功近利，不停地追求回報，有多少人是在為對方著想？都只強調個人利益，而忽視團隊或企業利益，企業也就沒有了發展空間。為什麼現在很多企業不歡迎大學生呢？不是企業不需要人才，而是看不慣那些剛進企業、還沒對企業有所貢獻的新人，就直接與老闆談利益、談回報。儘管你讀了很多書，擁有知識，但是這也不能證明你就

第四章　你的思考方式決定你的人生

很有能力,能夠為企業創造業績。老闆還沒有看到你的成績之前,憑什麼給你那麼高的薪資待遇?即使真的給你,你也好意思拿?

一個人想要成長,想要成功,就不能斤斤計較,笑到最後才笑得最甜,成功不在於一時。為什麼有些人做了一輩子工作,卻還是一個上班族,而有的人工作幾年就輕輕鬆鬆當上了老闆?其實,影響一個人能否成為老闆,最關鍵的不是學歷,也不是工作時間的長短,而在於是否具有老闆的思想觀念。

如今,很多人總是一邊工作一邊抱怨:「替老闆賣命真累,自己就是公司的賺錢工具,簡直沒有任何樂趣可言。」這些人不了解的是:與其認為自己是在為別人工作,不如把公司當作自己的家!

好的員工就要有好的思考方式,要學會用老闆的思考方式來對待工作。即使你是一個低學歷的新員工,只要懂得以老闆的心態來思考問題,能夠為老闆排憂解難、出謀劃策,有什麼好的晉升機會,老闆自然會想到你。

有一天,傑克到一家店鋪為公司購買備用木料。由於沒有已經切割好的,只能等著店家切割。為了早點拿到木料,他決定在那裡等一下。

傑克挪動腳步,看著櫃檯上擺放的商品。這時候,他聽到幾個人在旁邊抱怨著什麼。走近了一聽才知道,原來這幾人抱

怨的公司正好是傑克所在的公司,說他們公司的服務很差。幾個人說得口沫橫飛,連沒事的店員也圍過去聽。

擺在傑克面前的選擇有幾個:當時,正好是週末,不屬於工作時間,他還有自己的事情需要做;他已經跟朋友約好一起吃飯,時間很快就要到了,他完全可以假裝沒聽到。可是,傑克卻走上前去,對這幾個人說:「先生,很抱歉打擾你們的談話,我聽了你們的抱怨。我就是你們提到的那家公司的員工,你們對我們公司的服務不滿意,能否給我們一個機會改善這種狀況?我向你們保證,只要你們提出來,我們公司就能解決。」人們的臉上露出驚訝的表情。

當時,傑克沒有穿制服,他走到公用電話旁,打電話回公司;公司立即派維修人員到那位顧客家中解決問題,直到顧客滿意為止。後來,回去上班後,傑克還打聽到那位顧客的電話,對他做了售後回訪;得到對方滿意的答案後,還代表公司向客戶致歉。

傑克的行為獲得公司主管的讚揚,主管號召公司全體員工向傑克學習,並為傑克加了薪。

用老闆邏輯來思考問題,將會獲得更多的機會。抱著「老闆真苛刻,不值得為他賣命」的想法,認為自己可以騙過老闆,其實只是在愚弄自己罷了。與其抱怨老闆,不如與老闆換位思考,學著用老闆的思考方式做事。

第四章　你的思考方式決定你的人生

　　老闆如何熱愛公司，你就怎麼熱愛公司；老闆如何思考問題，你就怎麼思考問題，像老闆一樣主動積極，像老闆一樣善於交際，像老闆一樣精通業務……留心老闆的為人處世、言談舉止、行為作風，觀察老闆與普通人的不同，學習老闆的長處。這樣，就能變得更優秀，更快地走向成功。

每一份工作都可能讓你升值

> 很多人將自己的不成功歸結於工作沒有升值的空間，其實事實並非如此。每一份工作都是人生中的機會，都有讓我們升值的空間。正所謂「三百六十行，行行出狀元」，即使是最平凡的工作，也孕育著很大的價值。只有認真對待自己的工作，才能把握成功的機會。

有一本暢銷書，叫做《這一生都是你的機會》(*La Brujula Interior*)，在這本書中有一個觀點，我很認同。作者說，「只要你願意真誠地面對自己，這一生都是你的機會。下定決心改變態度，一定能擁有充滿幸福、創意與愛的人生。」同樣的道理，對於我們來說，每一份工作都是人生中的機會。只不過，很多人眼盲，無法看到，總是不停地在抱怨工作而已。

著名作家阿爾伯特・哈伯德（Elbert Hubbard）在暢銷書《自動自發》(*Willingness*)裡講到這樣一個故事：

幾天前，我到中東的一個美麗小國做了一次公開演講。工作人員帶我參觀了城鎮的很多美麗景點，法庭、醫院、銀行、建築工地和監獄。最後，他們還帶我參觀了小鎮的水電站，那

第四章　你的思考方式決定你的人生

是一個很壯觀的鋼筋混凝土結構工程，一年四季都能夠用水力發電。

在那裡，我看到一個 21 歲的年輕人。在他的鈕扣孔處，別著一枚發光的徽章，引起了我的興趣。之後，我們攀談起來。在水電站的公路旁有一條磚路，年輕人告訴我，這是他與同事們一起修的。我半開玩笑地問：「你們這樣做，是否想消磨時間？」

正常情況下，這種工作都是由工班來完成的，但是這個年輕人卻全權負責。他看起來很有商業頭腦，我問了他一些問題，例如：他來自哪裡等。但是，他似乎不願意回答，便將話題轉到了最新引進的機器上。回程的途中，一個工作人員向我講述了這名年輕人的故事：

他是一個很棒的年輕人，3 年前來到這個小鎮。那時候我們正在建造發電廠，工班的老闆僱用他當送水員，兩週之後，他就成為計時人員。有一天晚上，老闆看到他扯下一塊紅布，把它包在日光燈上。他看到了老闆，抱歉地說了一句，他們沒有足夠的資金來購買新設備。他的回答乾脆明確，沒有一句廢話。

他默默地工作著，把事情都做到無人替代，他總是第一個到，最後一個走。他在水電廠兢兢業業地工作了一年，工班要離開的時候，他成了工班老闆的助理。每一次，老闆去外地開

會時，就會將所有的事情都交給他，他就這樣接替了老闆所有的工作。

電站工程完全竣工後，為了管理這個電站，我們就想把這個能幹的年輕人留下來，可是工班的老闆不願意，他也想跟隨當初收留他的工班。最後，我們用 1,000 美金的股票作為薪水，才將他留下來。

他成了我們中的一員，也是這個城市的一分子。他專注工作，從來都不會參與亂七八糟的紛爭。如我們所想的一樣，他把水電廠管理得很好，還經常鼓勵大家學習運用新知識。有時候他甚至還會親自草擬計畫、畫草圖，諮詢過大家的意見後，做出最好的設計與安排。他是一個很棒的人，只要你肯給他時間，他就能把所有你希望他做到的都做到最好。

一份工作其實就是一次機會。這個年輕人的父親是一位牧師，依靠每年 750 美金的薪資養活全家，但是如此貧困的生活並沒有令他留下不好的習慣與影響。他從 18 歲開始替工班送水，默默工作，有幸被主管賞識，一步一步地走到現在的位置。沒有什麼比這種經歷更值得人們敬佩了。

其實，在我們身邊，這種故事並不少，很多成功者都曾從事最基層的工作。但是，他們與平庸之輩的區別就是：他們從來不抱怨公司，而是認真地做好自己的工作，用努力來證明自己的價值。

第四章　你的思考方式決定你的人生

不要覺得自己沒有機會，應該問問自己：機會來臨的時候，你在做什麼？你知道目前的工作能為你帶來什麼好處嗎？你知道如何在這份簡單而平凡的工作上做出理想的成績嗎？你是否總是羨慕他人的職位和薪水，而忘了自己原有的工作？

世界上最大的金礦就是自己，只要認真地對待自己的工作、熱愛自己的工作，不斷思考，不斷進步，就能夠發現機會，創造與眾不同的人生。

有一個農夫靠著祖輩傳下來的一塊土地，生活過得很不錯。後來他聽說，遠處一塊土地中埋著鑽石，有了鑽石，生活就會變得更加富裕。於是，農夫賣掉自己的土地，出去尋找能夠發現鑽石的地方。農夫去了異國他鄉，卻沒有發現鑽石，多年之後囊空如洗。心灰意冷後，便在一個海灘上自殺身亡。

他不知道的是，跟他買了土地的人，散步時無意中發現了一塊形狀顏色異樣的石頭。撿起來一看，石頭晶光閃閃，反射出美麗的光芒。經過鑑定，他才發現，這是一塊鑽石。而農夫賣掉的土地裡蘊藏著巨大的鑽石礦藏。

每個人都身懷鑽石，這是你的潛力與能力，足夠你實現自己的理想。只要在工作中不斷充實自己，發揮自己的潛力，把工作做到最好，機會自然會出現在你的身邊。

抱最大的希望，做最壞的打算

> 做事情從一開始就做最壞的打算，並不是沒有信心的表現，而是一種人生態度。做好準備，使生活和工作更加有信心；更有信心，才能抱有最大的希望，在艱難的情況下保持微笑，保持自信。所以，成功者做事情時都有一項原則 —— 盡自己最大的努力、抱最大的希望、做最壞的打算。

走在人生之路上，常常會陷入沿途的泥濘中，很多人都會感到失望，會自暴自棄，甚至會絕望。人只要陷入絕望的漩渦，也就失去了一切，所有的努力就自然白費了。遺憾的是，在絕望中，多數人都是精神先於身軀垮下去。

有這樣一則寓言：

一個人走在兩山之間的木橋上，伴隨著突然出現的「咔嚓」聲，橋斷了。奇怪的是，這個人並沒有跌下深淵，而是停在了半空中。

腳下是湍急的河水，他嚇得立刻抬頭，看到一架天梯蕩在雲端。目之所及，天梯離自己很遠。如果天梯落在懸崖邊，他一定會不管三七二十一，即使抓到的是只是一根稻草。可是面

第四章　你的思考方式決定你的人生

對自己目前的窘境，他徹底絕望了，放棄了求生的念頭，嚇癱到橋上，雙手抱頭，打算就這樣等死。

時間一點一滴過去，天梯漸漸縮回到雲中，不見了蹤影。這時候，雲中出現一個聲音：「這只是一個幻覺，其實只要踮起腳就能夠抓到天梯，可是你卻放棄了求生，也就只能下地獄了。」

有時候，也許只要踮起腳，就能得到求之不得的東西；只要伸一下手，就能獲得另一種新生、另一番境界。所以，面對絕境，千萬不要自暴自棄，一定要抱有希望。

有一名年輕女子叫美拉，丈夫是個軍人，她陪丈夫來到一個沙漠基地。丈夫奉命到沙漠進行演習，她便獨自留在陸軍的小鐵皮屋子裡。這裡，天氣炎熱，十分難熬，而且沒有人與她說話聊天。當地只有墨西哥人和印第安人，他們又聽不懂英語。

女子感到很難過，寫信給自己的父母，說想回家。幾天之後，她收到了父親的回信，只有短短的兩行字：兩個人同時從一口井中望出去，一個人看到了天空，一個人看到了塵土。就是這短短的兩行字，徹底改變了她的人生。

美拉把這封信讀了很多遍，感到很慚愧，決定在沙漠裡尋找自己的希望：她嘗試著與當地人交流、交朋友，當地人對她都十分熱情；她對當地的紡織品和陶器產生了興趣，當地人就

將自己捨不得賣給觀光客的紡織品和陶器送給她;她開始研究生命力頑強的仙人掌和沙漠植物,學到很多知識;她欣賞到了沙漠中的日出日落,找到了傳說中的海螺殼……

沙漠依舊,人依舊,但心態的改變,讓美拉的生活變成了一生中最有意義的冒險,她為自己的新發現感到無比興奮。兩年之後,美拉把這裡的生活編撰成書。

有夢想才會有希望,有希望才能成功。不管在任何情況下,都不能放棄自己的信念與希望。信念與希望是生命的維繫,不論在什麼時候,只要抱著最大的希望,就能度過難關,等待機遇,走出迷惘。

只要不放棄自己,命運就一定不會放棄你。總有一天幸福之神會眷顧你,即使失去了所有,也不要失去勇氣、毅力與尊嚴,這些才是真正有價值的寶貝,需要用盡全力去守護。陷入絕望中,就真正的完了。

當然,在人生的道路中,問題如影隨形,僅憑藉著一腔抱負遠遠不夠,還要做好最壞的打算。

73歲時,金大中參加競選,戰勝了許多對手,成為當時的韓國總統。很少有人知道,他的一生也經歷了各種磨難,曾5次被捕、5次面臨死亡,還遭受過40年的政治迫害。

金大中的經歷受到了媒體的廣泛關注,有一次一位記者特別採訪他,問:「您曾經經歷過許多的挫折與磨難,是這些

第四章　你的思考方式決定你的人生

挫折與磨難，讓您擁有今天的成就嗎？」金大中微笑著點了點頭。

記者又問：「每個人都會遭受一些磨難，難道磨難越多，成就越大？」金大中搖搖頭，沒有立刻回答記者的問題，而是邀請記者做了一個小實驗。

金大中拿出一支筆和一張白紙，把筆交給記者，自己手裡拿著白紙，並舉在胸前，然後讓記者用筆戳破這張白紙。記者輕輕一用力，紙上就戳出了一個大洞。接著，金大中又拿出另一張白紙，把白紙鋪在地板上，用雙手壓住白紙，再讓記者用筆戳。這一次，記者沒把白紙戳破，反倒把筆尖戳歪了……

做完這個實驗，金大中緩緩地對記者說：「在遇到困難和挫折時，每個人都會不自覺地築起一道高牆，這道牆就是經受過磨難之後的期望。不同的是，有些人盲目樂觀，內心中的期望值很高，將心牆放到空中，很容易戳出破洞；有些人則理智面對，把期望值設得很低，心牆沉落到地面，堅固而頑強，即使受到摧殘，也很難傷到根本。」

記者愣住了，過了很長時間才說：「難怪在惡劣的環境下，有的人會難以承受、一敗塗地，有些人卻是越挫越勇、堅忍不拔。」

金大中接著說：「當然，僅有磨難還不行，還要在磨難降臨時做最壞的打算。如此，即使出現了最壞的情況，也能從容

應對;一旦情況有所好轉,便能微笑面對。人的脆弱與堅強,是由心靈預想的位置所決定的。」

其實,做最壞的打算也是一種智慧。對於很多事情,即使自己有能力,也無法掌控其發展,最後的結果往往不盡如人意,與自己的預期背道而馳。如果事情的結果如預料的一樣,當然很好;假如事情的結果差強人意,甚至是最壞的,若沒有任何準備,必然會承受失望的痛苦。

做事情不能只想好的一面,還要把問題想得更透澈一些,把壞的一面也考慮到,並且為最壞的結果做出相應的打算。如果事情確實往最壞的方向發展,也不必手忙腳亂、束手無策,可以理性地採取補救措施。即使最後無法挽回,自己也不會過於失望,因為失望的心理準備早就已經做好了。

第四章　你的思考方式決定你的人生

讓思考逆行，也許會更快接近夢想

> 你是怎麼思考問題的？思考問題時，大多數人都喜歡用正向邏輯，覺得：自己多努力，就會有多成功。然而，大家很少會去逆向思考，「我想成功，需要付出多大的努力？」以結果為導向，從結果出發，逆向思考，才會更加接近成功。

一個商人向達蒙借了 2,000 元，並且立了一張借據。

還錢的最後期限馬上就要到了，達蒙卻弄丟了借據。對於他來說，2,000 塊錢不是個小數目，他感到異常著急。因為他知道，弄丟了借據，如果對方賴帳，他一點辦法都沒有。

朋友斯特凡知道此事後，提出了意見：「你向這位商人寫封信，要他到時候把跟你借的 2,500 元還給你。」達蒙聽了很不解：「我弄丟了借據，那 2,000 元他還不還都是個問題，怎麼還能向他索要 2,500 元？」儘管達蒙沒想通，但還是照辦了。信件寄出後，很快地達蒙就收到了回信。信上寫著：「我跟你借了 2,000 元，不是 2,500 元，到期一定還你。」

其實，這就是逆向思考。所謂逆向思考，指的是從反面、反向探究和解決問題。

工作的時候，如果覺得涉及的內容太多、太雜，從正面無法掌握，就可以嘗試著用逆向邏輯進行思考，反向看待問題，也許就能讓問題迎刃而解，甚至出現意想不到的結果。

正向思考的思考邏輯是：不管做什麼事，都要合情合理，都要先想好了再做。而逆向思考則完全順序顛倒：一旦確定了一件事，就先去做，做好之後再考慮其他問題。

逆向思考不是跟主管唱反調，也不是隨便鬧事，而是在不違背基本原則的基礎上提出懷疑與否定，打破原有看似合理的想法與做法，走出一條確實可行的特色之路。

有一位茶商到福建購買茶葉，可是等他到達福建時，當地的茶葉已經全部被先到的商人訂購了。面對如此「絕境」，茶商冥思苦想，最後想到一個辦法：將當地用來盛放茶葉的籮筐全部買下來。

先到的茶商買好茶葉後，打算將茶葉全部運回，這時才發現街上找不到一個籮筐，只能來找這位茶商求助。最後，他將自己提前購進的籮筐賣給他們，獲得了一筆可觀的收入。

遇到問題的時候，如果採用正面思考而得不到答案，不妨逆向思考一下，也許就能更快地獲得答案。

兩個年輕人被公司派去出差，年輕人甲獨自在逛街時，看到有一個老婦人在賣一隻黑色的工藝貓。工藝貓的眼睛很漂亮，仔細觀察後，他發現眼睛是用寶石做成的。他按捺住心中

第四章　你的思考方式決定你的人生

的激動，裝作平靜地對老婦人說：「您能不能把貓的眼珠賣給我。」老婦人起初不同意，但是聽到對方願意花整隻工藝貓的價格買下這兩顆眼珠，便同意把貓眼珠取出來賣給了他。

年輕人甲回到旅館後，興高采烈地對年輕人乙說：「我今天撿了個大便宜，花一點錢便買到兩顆寶石。」年輕人乙詢問了事情的經過後，問：「那個賣工藝貓的老婦人還在不在？」

年輕人甲說：「在，現在還等著有人買她的那隻少了眼珠的工藝貓呢！」

聽了他的話，年輕人乙立刻到市集尋找那個老婦人，很快地就將工藝貓抱了回來，因為他覺得這隻工藝貓一定價值不菲。他用小錘子敲了敲工藝貓的身子，鐵屑掉落之後發現，工藝貓的內部竟然是用黃金鑄成的。

年輕人甲是正常思考模式下的行為，工藝貓的寶石眼睛很值錢，取走便是。但是，年輕人乙卻透過逆向思考推斷出：工藝貓的眼睛是寶石做的，身體怎麼會是普通材質？正是這種逆向思考使年輕人乙發現了貓的黃金內質。

運用逆向思考，往往能夠獨闢蹊徑，在別人沒有考慮到的地方另有新發現，從而產生意想不到的結果。

事情就是如此令人出乎意料，現實生活中，有時使用正常的思考模式並不能有所收穫，而「倒彈琵琶」、逆向思考，反而更容易出現「無心插柳柳成蔭」的效果，帶給人們意外的驚喜。

聯想集團剛成立的時候，一個部門的負責人向一位客戶販售 60 臺電腦，如果交易順利，將會是一筆大生意。但是，他用了很多辦法，對方一直沒有答應。最後，他請總經理親自出馬，與他一起去搞定這個客戶。

與客戶見面後，為了說服對方，這位負責人不斷地介紹自己的公司和產品的優勢。5 分鐘很快過去，客戶的臉上出現了不耐煩的表情，總經理的臉色也很難看。最後，總經理乾脆打斷了他：「還是我來介紹吧！」

總經理使用了一種與這位負責人完全不同的介紹方式：他謙虛地承認聯想是一家正在起步的新公司，還有很多不足。然而，正因為是一家新公司，才會更在乎客戶，全心全意為客戶服務……

客戶的態度因為這幾句話發生了改變！總經理一介紹完，對方就說：「就憑你的這種態度，我決定要你們這批產品了！」

上述的事例中，部門負責人用正面的推銷方法，對客戶沒有產生絲毫的印象，反而因為長時間的勸說，引起了客戶的反感；而總經理卻採用逆向思考，從另一個方面隱晦地推銷公司電腦，將自己的姿態放低，先承認自己的公司剛剛起步，之後再強調新公司更關注客戶的需求。正是靠著這種態度，得到了客戶的認可，成功簽下了這一筆大單。

第四章　你的思考方式決定你的人生

不怕做不到，就怕想不到

> 成功有祕訣嗎？很簡單，成功就是：不怕做不到，只怕想不到。只要你敢想，就有可能衝破人生難關。在奮鬥的道路上，想到才能做到，只要我們堅定信心，鼓足勇氣，堅持夢想，一直走下去，成功也就不再是多麼困難的事！

亨利‧福特獲得成功後，成為大家羨慕的對象。人們覺得福特是因為運氣好，或是有一位了不起的朋友；或者他是個天才；或者是他們所認為的各式各樣的祕訣。

其實，每個人成功都是有原因的，福特也不例外。一位博士在分析福特成功的祕訣時，說：「也許每 10 萬人中，只有一個人能理解福特成功的真正原因，但人們往往都恥於談及這點，因為成功的祕訣就是想像力。在一定程度上，只有你想不到的，沒有你做不到的。」史蒂芬‧柯維說：「想像力是靈魂的工廠，每個人的成就都是在這裡鑄造的。」福特 12 歲產生的設想，33 歲得以實現，花了 21 年才獲得成功。

這更告訴我們：只有敢想，才能衝破人生難關。

很多年以前，一個剛畢業的女孩應徵到紐約市第五大道的

一家裁縫店當雜工。正式上班後，她經常看到很多女士乘著豪華轎車來到裁縫店裡試穿衣服。她們穿著講究，舉止得體，女孩覺得：這才是女人該過的生活。於是，一個強烈的願望在她的腦海中產生了：我也要成為她們當中的一員。

從那之後，每天開始工作之前，她都會對著裁縫店裡的試衣鏡自信地微笑一下，溫柔無比。儘管她只穿得起粗布衣裳，但是想像著自己是穿著華麗衣服的夫人，她的待人接物都變得開朗大方、溫柔有禮，受到了女士們的喜愛。雖然她是一名打雜的女工，卻將自己當作老闆，工作積極，認真勤懇，深得老闆信賴。

很多客戶都當著老闆的面誇獎女孩：「這個女孩是你們店最機靈、最有氣質的。」老闆也說：「她的確很出色。」幾年過去，老闆將裁縫店交給女孩經營。漸漸地，女孩有了屬於自己的名字——安妮特，繼而成為服裝設計師安妮特，多年之後成為著名服裝設計師安妮特夫人。

安妮特的成功因素有很多，但最重要的一個原因就是她勇於「想像成功」。

一位心理學家做過一個實驗：

他將體能相同的足球運動員分成三個小組，採用不同方式，進行射門訓練。

練習了20天射門，第一組運動員，只把第一天和最後一

第四章　你的思考方式決定你的人生

天的進球成績記錄下來；中間練習的時候不提任何要求，順其自然即可。

第二組運動員，記錄第一天和最後一天的射門成績，但是期間不做任何射門練習。

第三組運動員，記錄第一天的射門成績，然後每天花30分鐘做想像中的練習射門，如果踢不進去，便在想像中對這個練習做相應的糾正。

實驗結果讓人吃驚：第二組進球率沒有任何長進，第一組進球率增加了25%，第三組進球率增加了28%。這個實驗客觀地證明了「想像」的重要性，同時也告訴我們，我們的頭腦具有很大的潛能。

成功是人們內心一份強烈的渴望，然而因為客觀原因，比如：出身不好、教育缺失、時運不濟等，經常會造成失敗的局面。其實，當你在現實社會中感到寸步難行、心灰意冷時，還有另一條路可以走——想像成功。即使你身無長物，卻敢「想像成功」，也就擁有了一種理性的思考方式和樂觀的心態。使用這種理性的思考方式，你的心智就會不斷提高，而正向的心態更能讓你的人生有所成長。

真正成功的人生，其實不在於有沒有獲得成就，而在於有沒有努力地去實現自我。哲學家蘇格拉底曾經被人貶為「讓年輕人墮落的腐敗者」；貝多芬學習拉小提琴的時候，技藝並不

嫻熟，寧可拉自己作的曲子，也不願意改善技巧。老師對他的行為很不滿，說他以後一定當不了作曲家。但是，他們都對自己很有信心，相信自己，結果最後獲得了成功。你相信自己嗎？

俄國作家安東・契訶夫（Anton Chekhov）曾說：「有大狗，也有小狗。小狗不應該為大狗的存在而心慌意亂。所有的狗都應該叫，就讓牠們各自用自己的聲音叫就好了。」人生可以規劃，也可以按照規劃的軌跡發展，只要你勇於想像，就一定可以。

想法決定了你的做法，想法能夠改變你的命運。不怕做不到，就怕你不敢想——想到了未必能夠做到，但是不敢想就一定做不到。在成功路上，只有想到才能做到。堅定信心，擁有勇氣，只有你想不到的事，沒有你做不到的事。

有時候，人不願意去做一件事，不是因為不想做，而是覺得不可能完成。其實，不可能只存在於人的想像中。為什麼不可能？或許只是因為你沒能正確理解自己罷了，或許是缺乏成功的自信。世界上沒有完不成的事，只要懂得改變自己，就會遇到如願以償的自己。

第四章　你的思考方式決定你的人生

拆除思想的牆

> 很多時候，我們不成功，是因為被局限在自己的固定思考模式中。有了這個牢籠，便將自己的人生限制其中，這種人永遠不會成功；反之，拆除思想的牆，打破自己固定的牢籠，就一定能走出一片屬於自己的新天地。

網路上，曾出現過這樣一段祈禱詞：「願上帝賜我一顆平靜的心，去接納我所不能改變的事物；賜我無限勇氣，去改變那些有可能改變的東西；並且，賜我智慧以辨別這兩者的差異。」這裡說的就是心靈的智慧：突破我們內心世界可以突破的地方，接納那些不能突破的地方。

簡而言之，願上帝賜給我一個好的心靈。想想看，在你心中，有沒有一個關於世界的極限？有沒有覺得一些事情是無法做到的？⋯⋯其實，真正對自己的思想造成限制的，是思想中看不見、摸不到的東西。

在一次企業培訓中，培訓師認識了安娜。她是一家外商公司人事部經理，英語和法語說得非常流利，被任命到歐洲任職。作為未來全球化團隊的一員，安娜可謂是春風得意。但

是，安娜對自己的職業發展有些擔憂：她的身體一直都不太好，能不能勝任海外的工作？

培訓中間休息時間，安娜跟培訓師說起了自己的事，開玩笑地說：「我是小姐的身子、丫鬟的命，流行什麼病，我就得什麼病。辦公室如果有人發燒，我就跟著發燒，我一直都在考慮要不要接受這個能讓自己獲得晉升的機會。」

培訓師說：「冒昧地問一句，妳是家中的老大嗎？」

她說：「是，家裡還有一個弟弟、一個妹妹。」

培訓師又問：「在弟弟出生的時候，妳是否生過一場大病？」

安娜說：「是的。」

培訓師心中暗暗一震，安娜的「病根」也許就在這裡。其實，這是一個家庭中常見的事情：

第一個孩子出生時，往往會受到家裡100%的關懷；如果第二個孩子出現，孩子就會發現，隨著媽媽的肚子越來越大，大家對自己的關注便越來越少。直到第二個孩子出生，家裡的重心會逐漸轉移到第二個孩子身上，使第一個孩子產生一種不被在乎的情緒。

聰明的父母懂得平衡兩個孩子之間的關係，讓孩子覺得自己是重要的。不巧的是，安娜得了一場大病，睜開眼睛時她驚

第四章　你的思考方式決定你的人生

喜地發現：爸爸、媽媽、爺爺、奶奶又重新回到自己身邊，一直在關注她！這讓她的潛意識裡產生了一個不合理的模式：生病＝被關愛，被關愛＝生病。也許連她自己都沒有意識到，她會潛意識地認為：如果想要被關愛，就生病吧！

在之後的回顧中，安娜意識到自己的戀愛史也是一個與疾病相關的鬥爭史。從高中開始，她就用自己的大病小病來考驗男友，喜歡享受那種被男生抱在懷中，從醫院送回宿舍的感覺。安娜的工作其實也是一場疾病史，總會在最需要支持的時候生病，但是她從來不耽誤工作，一直堅持，這種精神感動了團隊與上司。

其實，安娜需要調整的不是身體，而是內心的心智模式。三個月後，培訓師收到了安娜從法國寄來的明信片。她說，她已經順利地適應了歐洲團隊的工作，工作很愉快。她很喜歡巴黎的生活，這裡的人生活都很隨意，做事卻很細緻。她還說，自己很健康。

打破思考習慣的界線

> 在這個世界上總有一些事情人們無法做到,可是在歷史的長河中,依然有幾條魚能夠跳出河面。只要打破自己的思考界限,找到新的思路,積極思考,就能獲得新的成績,就能擁有不同的人生。

在生活中,只有打破慣性思考,才能產生意想不到的效果。很多人喜歡跳舞,喜歡隨著舞曲擺動四肢。可是,真正會跳舞的人會讓舞曲為自己的舞姿伴奏,化被動為主動,舞姿會顯得更優美,使舞蹈達到理想的境界,更加賞心悅目,成為人生的一種享受。

按照很多人的慣性思考,人生在世,大家都在為名利奔波。而「山重水複疑無路,柳暗花明又一村」,正是打破慣性思考才能看到的美麗景象。

長時間在同一種環境中工作與生活,自然就會形成一種既定的思考模式,也就是我們常說的慣性思考。人們習慣性從固定的角度看待問題、思考事物,用固定的模式來接受事物,少了很多創新思想。

每個人都有自己的慣性思考,習慣用常規的方式思考問

第四章　你的思考方式決定你的人生

題，習慣用自己常用的行為方式來處事，時間長了，自然就養成了堅不可摧的慣性思考。舉個最簡單的例子，例如：睡覺，大概占了人生三分之一的時光，這就是人類的一種生活習慣；還有上學、吃飯、讀書、交友、休閒、工作等行為，也都是以習慣作為主要模式。

當然，養成良好的行為習慣，成長的速度自然就會加快；而不良的習慣，則會阻礙通往美滿人生方向的腳步。物有本末，事有終始，說到底就是思想決定行為方式。

在化學實驗室，一名工作人員正在注水至一個大玻璃水槽，水流比較急，不久就灌到80％。工作人員走過去關水龍頭，可是水龍頭壞了，關不住。如果再以這種速度流半分鐘，水就會溢滿水槽，流到工作臺上。工作臺上放著很多不能沾水的儀器，若沾到水，便會與化學藥品產生反應，起火燃燒，不到幾秒鐘，整個實驗室就會變成一片火海。

面對這一個可怕的情景，工作人員都驚恐極了，因為如此短的時間內誰也不可能逃出去。工作人員一邊堵住水嘴，一邊絕望地大喊。實驗室一片混亂，死神向他們一點一點靠近。就在危急時刻，只聽見「轟」的一聲，一位同事拿起實驗室的儀器，猛地投進玻璃水槽，水槽底部砸出一個大洞，水流直瀉而下，實驗室轉危為安。

其他人問她，在千鈞一髮的時候，她怎麼能反應那麼快，

是如何想的？她淡淡地一笑，說：「我們小時候都讀過司馬光砸缸，我只不過是重複做了一遍而已。」

案例中，在大家都感到驚慌失措的時候，女實驗員只用了一個簡單的辦法，就避免了一場重大災難。

小時候，我們都讀過「司馬光砸缸」的故事，但是遇到這類事情時，大多數人想到的依然是，怎麼堵住水龍頭，怎麼活下來，而不是先捨棄某些東西。

捨棄也是一種智慧，這個「缸」就是我們的慣性思考。很多人之所以會與機會失之交臂，就是因為自己被思想束縛住了。想要放飛自己的思想，進入一片新的天地，就必須打破這種思考慣性。

每個人都在不同程度地被自己的習慣和慣性思考所控制，比如，上班時，總會習慣性地走自己熟悉的路線，或搭乘固定的公車班次；出差時，喜歡入住自己曾經住過的飯店。道理很簡單，因為人們相信經驗、害怕改變，擔心改變會帶給自己不必要的麻煩。但是遺憾的是，這種習慣並不是最佳選擇。在職場中，許多人跳槽到另一家公司後，都會覺得無法適應，原因就在於，他們總是將舊公司的文化和處事方式帶到新公司，結果不斷碰壁。其實，不是現在的公司文化不好，而是你不能突破和改變原有的思考習慣和行事方式。

影響創造性思考的關鍵因素，就是弱化風險意識。原因就

第四章　你的思考方式決定你的人生

在於，每做一件事情，創造性越強，承擔的風險也就越大，所以嘗試新事物、運用新方法，最關鍵的就是要有承擔打破慣性風險的勇氣。很多時候，如果不打破這種慣性思考，就會讓自己陷入危險的境地，重蹈覆轍。所以，只有敢於冒險、懂得隨機應變、突破思考慣性，才能發現更加廣闊的天地！

思想有多遠，你就能走多遠

> 有人說：「成功的性格必須首先克服短視和盲目兩大弱點，它們都是因為缺乏自信而形成。」任何人的成功都不是一帆風順的，總是要經歷一些挫折和困難。在這期間，能否跨越這些困難，就要看你的思想有多遠。正所謂：思想有多遠，就能走多遠！

成功者一般都具有這種個性：不會讓自己的夢想因為別人的幾句冷言冷語而受到打擊。安於現狀，得過且過，只會使你喪失掉成為優秀者的根本。只要眼光看得遠，就一定能真正飛起來。因此，只有在性格中融入個人主見，相信自己能在將來有所作為，才能放棄小恩小惠，不然，便成不了大事！

有一名音樂家，當他自音樂學院畢業之後，繼續前往哥倫比亞大學求學。為了獲得足夠的學費和生活費，他不得不先打工，最後他選擇在街頭賣藝。他認識了一位琴師，兩人合作，一起占據了一塊地盤──一家商業銀行的門口。

存到足夠的資金後，他決定離開，向自己嚮往已久的藝術殿堂走去。身在學府，不能像在街頭那樣賣藝賺錢，他的生活逐漸變得拮据。然而，這時的他已經進入更高的境界，目光沒

第四章　你的思考方式決定你的人生

有停留在物質上，而是投向了遠方……

後來，在老師和朋友的幫助下，他在美國成功舉辦自己的音樂會。之後，他不斷創新，憑藉自己的實力，創作出很多令人耳目一新的音樂作品，奠定了「國際著名作曲家」的地位。成名後，在一次偶然的機會，他再次路過自己曾經賣藝的地方，驚奇地發現——那位琴師還在！那時候，距離他賣藝的時間已有十年。他走上前去，跟琴師交談起來。琴師問他現在在哪裡工作，他只是簡單地回答，在一家比較出名的音樂廳，對方說：「那個地方很不錯，可以賺到不少錢。」琴師並不知道，那時候的他已經今非昔比，成為享譽全球的大作曲家。

這位音樂家之所以能夠獲得今天的成就，就是在於他心懷希望——一直希望自己成為一個偉大的音樂家。他沒有將自己定位為「賣藝者」，因為他清楚自己絕不能依靠「賣藝」走完人生；反之，那位琴師從一開始就認定，自己只是一個「街頭藝人，因此就有了十年之後的差別。

古今中外的大量事例證明，一個人的思想和自我定位在相當程度上能夠改變自己的人生。毫無疑問，每個人心中都有過豪情壯志，都曾想有一天可以出人頭地、威風八面，但是為什麼只有少數人實現了自己的夢想呢？從根本上來說，就是因為這部分人的豪氣比一般人更強烈，而且他們清楚如何驅使自己的豪氣。

許多人不是沒有夢想,而是沒有足夠的自信和豪氣。有了信心,就會產生某種信仰,覺得自己可以做成大事,覺得自己能夠被這個世界所相信。只有對自己充滿信心,行動的可能性才會更高;反之,如果總是自輕自賤,就會慢慢成為卑微的樣子,對自己沒有足夠的信心,一生都會平淡、沒有大作為。質疑自己的能力,永遠都不可能成功。你相信自己是什麼,你就是什麼。

你認為自己是什麼樣子?不要謙虛、不要故意克制自己,你想自己是什麼,自己就是什麼。你想要自己成功,自己就會成功;想著失敗,自己就會失敗。一個人期望的多,獲得的也多;期望的少,獲得的也少。所以,任何時候,都要自信滿滿,相信自己永遠都是那個最優秀的人。

大千世界無奇不有,自然界中有一種很奇怪的蟲子,名叫列隊毛毛蟲。這種毛毛蟲總是列成一個隊伍行走,最前面的那隻負責方向,後面的只要跟從就可以了。

生物學家法布爾(Fabre)曾對列隊毛毛蟲做過一個有趣的實驗:

法布爾誘使領頭的毛毛蟲圍著一個大花盆繞圈,結果後面的其他毛毛蟲一直跟著領頭的毛毛蟲,在花盆邊緣上首尾相連,形成一個圓圈。就這樣,整個毛毛蟲隊伍循環往復,每個毛毛蟲都能成為隊伍的頭或尾。後面的毛毛蟲都跟著自己前

第四章　你的思考方式決定你的人生

面的毛毛蟲一直爬，一直爬，不知疲憊，幾天後毛毛蟲撐不住了，從花盆的邊緣上掉了下來。

這些毛毛蟲之所以會遭遇厄運，主要的原因就是，自己不做判斷，盲目跟從。牠們不相信自己，只跟著前面的隊伍走，結果辛苦走了一路，依舊難逃餓死的命運。這就告訴我們，如果想成功，就要相信自己、不受他人左右，相信自己一定可以做成某件事，相信自己一定可以做一番大事業。

勝利，需要相信自己的改變。在1992年的奧運會游泳比賽上，一名相信自己戰術的選手，在最後50公尺的時候改變了戰術——從游四次換氣一次，改為游五次再換氣一次。如果她不改變戰術，可能會與第一名失之交臂；如果改變戰術，提高自己的速率，有可能會超過第一名，當然也可能因為缺氧而被其他選手反超越。在這個激動人心的關鍵時刻，她選擇了相信自己，相信自己可以堅持，最終超過了原來的第一名，奪走了金牌。

美國哲學家拉爾夫・愛默生（Ralph Emerson）說：「人的一生正如他一天中所想的那樣，你怎麼想，怎麼期待，就有怎樣的人生。」人相信自己可以成為什麼樣的人，就會成為什麼樣的人。從心理學層面來說，是有一定道理的。

每個人內心對自己的未來都有一幅藍圖，對自己有一幅自畫像：如果想像中的你是一個很優秀的模樣，那麼就會在心裡

看到一個胸懷大志、積極認真、不斷進取、勇於創新的自己；同時，還會產生「我做得很好」、「之後更加努力，就會獲得更大的收穫」之類的想法，自然就會成為更好的你。

美國有名的鋼鐵大王安德魯‧卡內基（Andrew Carnegie）就是一個懂得發揮自己潛能、創造機會的典型。12歲時，卡內基從英格蘭移居到美國，由於年紀小，只能到一家紡織廠當工人，當時他為自己定的目標是「成為全廠最出色的工人」。靠著辛苦的工作，他實現了自己的目標。

後來，在命運機緣巧合的安排下，卡內基成為一名郵差，他的目標又變成了「成為全美最傑出的郵差」。皇天不負苦心人，結果他的這個目標也實現了。一生中，卡內基根據自己所處的環境和地位不斷塑造自己，讓自己變得更優秀，一直堅信自己是最棒的！

做最好的自己，不一定要成為什麼「專家」，也不一定要功成名就，更不需要和別人一爭高下。就像人的手指，有長有短、有粗有細、各有所長、各有所短。你會認為拇指比食指更有用嗎？想要成為最好的自己，並不需要擁有多少物質財富，也不必獲得高貴體面的身分，最重要的是看你實現自己理想的強烈程度，看你身上的潛力能否得到充分的發揮。

要塑造最好的自己，只要意識到自己是大自然的一分子，相信自己擁有無限的能力和可能，就能創造一個和諧的心理範

第四章　你的思考方式決定你的人生

圍,建立起一個自己理想的形象,展現出自己的人格行為應有的魅力。

　　信心的力量是驚人的,不僅能改變惡劣的現狀,還能造成讓人難以置信的圓滿結局。對自己有信心的人永遠不會被擊倒,更是自己人生的掌控者與勝利者。

　　自信心對於人的成功有著不可忽視的推動作用,很多積極主動的人都是因為自信心受到打擊而變得消極。也許與其他人暗示他們無能有關;也許是覺得自己不能取得成就;或者是覺得自己不能勝任本職工作⋯⋯這種微妙的心理暗示會一直對自己發揮作用,使創新意識受到打擊,讓他們不再像原來一樣積極熱情,更不會幹勁十足地從事一份工作。他們失去了果斷行事的能力,本來用很短的時間就能處理好的事情,卻變得要花很長時間,畏首畏尾,不敢做出決定,也就無法像過去一樣成為領導者,而逐漸淪為追隨者。

　　一個人相信自己可以成為成功者,就確實能成為成功者,這是人的意識和潛意識發揮作用的結果。意識和潛意識是人類心靈的主要部分,當意識發揮了決定性作用時,潛意識會做好準備。換言之,意識決定了我們「做什麼」,而潛意識在你沒有感覺的情況下便將「如何做」排列了出來。

　　意識就像是冰山超出海平面的一角,而潛意識則是埋藏在底下更大、更深的部分。如果用科學術語來比喻意識,大腦是

電腦的「硬體」系統，意識是電腦的「操作者」，潛意識就是電腦的「軟體」。經由這些生動的比喻，就能清楚地看出意識和潛意識的關係和奧妙。

　　只要決定去做某件事，人就會憑藉意識的驅動與潛意識的力量，克服前進道路上的重重困難，在最短的時間內將事情做好，成功也就有了基本保障。想要成功，就要相信自己！

第四章　你的思考方式决定你的人生

第五章
越執著計較,越難以獲得

第五章 越執著計較，越難以獲得

氣度決定寬度

> 氣度決定寬度！每個人的氣度不同，格局也有所不同，未來也就有所差異。我們常說：心胸太小，難成大器。說的就是氣度影響人生，氣度，是一種從容、一種心境，更是一種內心的勝利。成功者，總是擁有非凡的氣度，擁有不一樣的格局。

生活中，有些人偶有小收穫便得意忘形，遇到一點挫折就哭天搶地⋯⋯原因何在？就是因為心胸太小！心胸太小的人，一般都無法成就大事。只有不斷擴大自己的心胸，才能逐漸減少現實世界對自己的影響，直至忽略不計。

氣度決定格局！能經受多大的打擊，就能做出多大的事業。人生不如意事十之八九，即使無法改變世界，也要逐漸改變自己，將煩惱淹沒在浩瀚的大海中。

內心強大，則世界遼闊；氣度恢宏，方可贏得自我與世界。很久很久以前，有個愚蠢的人到別人家做客。為了款待他，主人做了豐盛的飲食，愚人拿起筷子嘗了一口，道：「太淡了！」之後，便將筷子放下，一動不動了。

主人知道後，立刻在菜裡加了一點鹽。重新端上桌子後，

愚人又嘗了一口，讚美說：「嗯，這次不錯！」

回到家後，愚人依然在回味那頓飯，他想：「這盤菜的味道之所以會前後不同，主要就是因為加了鹽。只加了一點鹽，味道就變得這麼好，多加一些鹽，豈不是更妙？」

愚人自認為釐清了事情的緣由，他覺得自己聰明絕頂，於是直接到廚房裡抓起一把鹽，塞到嘴裡。沒想到又苦又鹹，根本無法下嚥。

這個故事，是《百喻經》的開篇之作。雖然說，佛理一般都是深奧晦澀，但有些道理依然淺顯易懂、幽默十足。在這個故事中，鹽的味道本來就是鹹的，之所以會帶給人不同的感受，是因外部環境發生改變：鹽和菜餚依不同的比例進行搭配，就會呈現完全不同的味道。

有一天，一個年輕人來到一座寺廟，他謙遜地問高僧：「為什麼我總是感到自己很痛苦？」

高僧和藹一笑，但沒說一句話。他拿起面前的茶杯，倒滿白開水，之後又抓了一大把鹽放進去，遞給他說：「將這杯水喝了。」

年輕人目睹了高僧放鹽的整個過程，急忙搖頭：「不能喝！」

高僧問他：「為什麼？」

第五章　越執著計較，越難以獲得

他說：「放這麼多鹽，太鹹了，誰都受不了。」

高僧又問：「同樣是這把鹽，如果我把它放進湖泊裡，結果會怎樣呢？」

他說：「這一點鹽，對湖水幾乎沒有什麼影響。」

高僧點頭微笑道：「鹽就是現實世界中的煩惱，水則是我們的生命狀態，只有不斷擴大自己的心量，現實世界對你的影響才會越來越小，直至忽略不計。」

年輕人眼前一亮，心有所悟，告別高僧後，便離開了。

蘇軾在〈留侯論〉中說：「古之所謂豪傑之士者，必有過人之節。人情有所不能忍者……」上天總會將非凡的氣度送給勝利者，同時將勝利賜給氣度非凡的人。

氣度是智慧和勇氣的完美結合，有勇有謀，才能克服困難，成就一番大事業。想要將某件事情做好，或者取得最後的勝利，既要有敢為天下先的勇氣，還要有不斷進取、積極創新的智慧。有氣度，才能將自己的注意力集中在一個地方，才能成就大事業。總是為了不大不小的瑣事爭來鬥去，為了無聊的流言費心勞神，還有什麼時間做正事？

氣度決定了一個人的高度，有氣度才會有成就，否則未來的成就勢必會受到局限。在謹記「知識就是力量」的同時，更要提醒自己：「氣度決定了高度！」

這是一個知識爆炸的時代，在追求知識、才藝等的同時，一定要記住：所謂的「內在」，除了充實知識、才藝外，還包括了修養、品格。

曾國藩是晚清中興名臣、理學大師，在崇拜者眼中，幾乎就是一個完美的人。自曾國藩開始，出現了「無湘不成軍」的說法，而他遭遇的挫折同樣無人能比。

曾國藩建立湘軍的過程中，遭遇了無數次的失敗；在十幾年的戎馬生涯中，好幾次差點全軍覆沒。被敵人打敗，不僅要承受失敗的痛苦，還要面對同僚的嘲笑和排擠，更要應對上級的猜疑。換作別人，可能早就心灰意冷了。可是，曾國藩卻靠著非凡的氣度，建立了自己的行伍。

曾國藩用自己的故事再一次告訴我們：氣度決定格局，一個人能承受住多大的打擊，就能做出多大的事業。

氣度是忍耐力的一種表現，決定著一個人胸懷的寬度。在漫長的人類歷史長河中，很多成功者都有著非凡的氣度，造就了成功的人生。

常言道：「讀大家之書，做大氣之人。」做人大氣，就能夠擁有君子的風度，擁有美好的心境；做人大氣，就能獲得真誠的情誼，擁有美好的人生。

大氣，既是一種品格，也是一種境界，需要我們用德行去修養、用智慧去創造。

第五章　越執著計較，越難以獲得

逆境才能看出一個人的氣度

> 逆境出人才，其實逆境更是檢驗一個人氣度的最佳時機。每個人，不可能時時刻刻都處在順境當中，在順境中生存很簡單，但是逆境卻恰恰相反。因為要突破逆境，不僅需要技術，還需要膽識、意志、毅力、胸襟等，需要經歷綜合能力的磨鍊和考驗。也正因為如此，逆境才能看清一個人的真面目，才能檢驗出一個人的氣度。

一個有胸襟氣度的人，身處逆境時，通常不會怨天尤人，更不會指著老天大罵，而是以一種泰然自若的態度來應對。因為在他們眼中，世間萬事萬物從來都不是一帆風順的，也不可能十全十美，逆境是生活中必須走過的路，想要成功度過，只有一個辦法：培養博大的胸襟與氣度，團結眾人，共同努力。

科學家班傑明・富蘭克林有句名言：「誠實和勤勉，應該成為你永久的伴侶。」其實，這句話也是他一生的真實寫照。

有一次，富蘭克林參加議會活動，一位議員惡言相向。如果富蘭克林當場跟對方據理力爭，必然會影響到活動的氣氛。為了保證活動的順利進行，富蘭克林採用了避實就虛的策略。

富蘭克林經由跟其他人的溝通了解到，這位議員很崇尚紳士風度，家中藏書豐富，自己也很有學問。之後，他便向那位議員郵寄了一封信，用誠懇的言辭問候對方，表示想跟對方借一本書。議員立刻命人將書送去給富蘭克林。幾天後，富蘭克林派人把書送還給議員，隨書還附了一封感謝信。事情做得極其自然、紳士，議員因此改變了對富蘭克林的看法。

很快地又召開了下一次議會。在議會開始前，這名議員主動過來跟富蘭克林握手交談，同時告訴他：「以後如果需要用書，儘管來找我。其他的事情，我也會支持你。」少了他人的干擾，富蘭克林得以把所有精力都用在工作上，得到的支持也越來越多。

由此可見，胸襟氣度對一個人的成就十分重要。

古人說：「唯寬可以容人，唯厚可以載物。」現實生活中，每個人的性格、風格都不相同，想法和意見更不會完全一致。遭遇逆境，對成功人士來說，是家常便飯。想要獲得成功，就要用寬闊的胸襟、謙和的氣度和聞過則喜的修養，共克時艱，度過逆境，開創美好的未來。

古今中外，胸懷遠大理想的人都有一個共同特點：在逆境中，依然可以保持氣度，為了成就大事，他們不拘小節。很多在常人看來無法忍受的事情，他們卻可以忍耐。俗諺「宰相肚裡能撐船」稱讚的就是這類人，其實他們也不是大肚漢，而是

第五章　越執著計較，越難以獲得

因為他們目光長遠。

在江南的一座小城裡，有個人做鹽的生意，結果發了大財。出於不同的目的，人們對他議論紛紛。然而時間一久，有些話就會越傳越難聽。

有一天，鹽商在城裡最大的餐館宴請客戶，一時之間其樂融融。這時，旁邊的房間裡傳來大喊聲，細聽之下，竟然是有人在大罵這位鹽商。不僅鹽商的下屬覺得尷尬，連客戶也覺得臉上無光。服務生聽到吵鬧聲，便立刻跑到旁邊的房間裡勸解。

下屬無法忍受，想過去跟對方理論，鹽商阻止了他，並要他將餐館老闆請過來。下屬離開後，人們都想，等老闆來了，鹽商一定不會輕饒他。

當餐館老闆聽說鹽商要自己過去時，也是這樣想的，因為下屬早就將這件事彙報給他了。可是，人家已經派人來叫了，他也不敢不去。老闆心驚膽顫地走進包廂，並微笑著賠禮道歉。哪知道，鹽商卻笑著對他說：「老闆，有件事請你幫個忙，希望你不要推辭……」餐館老闆心裡一沉：糟了，肯定是要我把旁邊那桌趕走，我怎麼惹得起！

沒想到，鹽商說的是：「將隔壁那桌算在我這裡，把兩桌的錢一起都結了吧。改天，我再請人吃飯，一定還會到你這裡。」餐館老闆簡直不敢相信自己的耳朵，立刻結清了費用，

感恩戴德地將他們一群人送走。

　　下屬不理解鹽商的做法，鹽商對他說：「其實，這是一筆划算的買賣。」下屬更搞不懂了，鹽商繼續說：「想想看，今天如果我們跟他們理論，搞不定就會打一架，我不僅會損失錢，還可能將這件事傳得滿城風雨，兩項加起來，我們就賠大了。把帳結了，才沒多少錢。首先，餐館老闆會感激我們，之後再去他那裡吃飯，他便不得不做足面子；第二，我們那幾位客戶肯定覺得我寬厚，以後會更願意跟我們做生意；第三，能到這家餐廳吃飯的，都不是普通人，肯定具有影響力，我替對方把帳結了，他以後只要不說我不好就行了，說不定還會說我以德報怨呢。名聲比什麼都重要，花幾個小錢，卻能賺到這麼多，我們賺大了！」

　　故事中，鹽商用商人的「語言」解釋了他以德報怨的作用，更加突顯了他的氣度，難怪他會將自己的生意做得這麼好。

　　生活中，每個人都會遇到類似的事情，但能夠像鹽商一樣聰慧的人卻很少。鹽商的做法雖然看起來比較功利，但裡面卻包含著大道理：為人處世，一定要看重名聲，不要在乎他人的惡言；只有在遇到問題和困境時，才能看出一個人氣度的大小。

　　遇到困境或逆境時，一定要先釐清利弊得失，再做決定！

第五章　越執著計較，越難以獲得

做人難得糊塗，切勿事事較真

> 做人，是一門學問，有人喜歡計算得清清楚楚，有人卻喜歡糊里糊塗。聰明人總是嘲笑糊塗人，然而，笑到最後的卻總是那些糊塗人。「難得糊塗」是一種做人的最高境界，面對世界，不吹毛求疵，不明察秋毫，抱著一種「難得糊塗」的方式自勉，自然會獲得不一樣的人生。

很久很久以前，有個脾氣暴躁的年輕人，總是打架，人們都很討厭他。

有一天，年輕人無意中走到大德寺。進入寺廟後，他看到一個禪師在講佛法，聽完禪師的講述，他對自己以往的暴躁行為感到很後悔，決定痛改前非。他向禪師保證，說：「師父，今後我再也不跟別人打架拌嘴了，即使人家把唾沫吐到我臉上，我也會忍下來，默默地擦掉！」

聽了他的話，禪師輕聲說：「就讓唾沫自己乾吧，不用擦去！」

年輕人聽完，問：「如果有人用拳頭打我，該怎麼辦？」

禪師微笑著回答：「一樣！不要太在意，只不過一拳而已。」

年輕人不滿意禪師的回答，終於無法忍耐，舉起拳頭，打了禪師的頭，問：「你感覺怎麼樣？」

禪師沒有生氣，反而關切地說：「我的頭跟石頭一樣硬，你的手痛不痛？」

年輕人無話可說，理解了禪師的言行。

故事中，禪師的境界確實了得。雖然說，大多數人都做不到這一點，但依然要學習擁有一顆大度包容的心。遇到問題的時候，若總是斤斤計較，會讓自己遭遇很多麻煩；該糊塗時就糊塗，對他人多一些理解和包容，自然也能得到別人的理解和包容。中國古典名著《紅樓夢》中有言：「機關算盡太聰明，反誤了卿卿性命。」這就告訴我們，不管是做人，還是做事，都不需要太精明，太精於算計，算來算去，可能最終只會算計到自己。如何做人是一門學問，即使花費畢生精力，也不一定能看透其中道理。然而，人生是多變的、複雜的，在有限的時間裡，我們無法了解到人生的全部內涵，但一定要懂得：做人不能太計較！否則，會讓自己活得很累。

小李是個非常精明的人，很會算計，全公司都知道他，而且還大有聲名遠播的趨勢。在辦公室裡，不管遇到什麼事，他都得理不饒人，時時都要占便宜，每每都要占上風。同事對他有意見，他卻信誓旦旦地說：「我這個人什麼都吃，就是不吃虧！」

第五章　越執著計較，越難以獲得

但是俗話說得好:「不是不報,是時候未到。」終於有一天,小李倒了大楣。小李打算裝潢自己購買的新房子,為了選擇滿意的裝潢師傅,他花費了大量的心力與時間。斤斤計較的小李要求很高,甚至還有一點苛刻:他想要選一家知名裝潢設計公司,但支付的價錢卻只相當於小公司的水準。結果,沒有找到合適的。

經過再三篩選,好不容易找到了幾名裝潢工人。雖然不是知名公司,但經驗豐富,重要的是價格便宜。然而,即使如此,他還在裝潢材料的價格上,拚命地討價還價,甚至還算計到一根釘子的價錢。小李想用最好的裝潢材料,但只肯出普通材料的錢。實在沒辦法,裝潢工人再次讓步,同意按照小李的意見來裝潢房子。

看到自己將價格和人工費用都壓到最低,小李充滿了成就感。逢人便說:「整個市區都找不到這種價格!」似乎全世界就他最聰明、最會算計,別人都中了他的圈套。

裝潢工人雖然願意為他裝潢房子,可是心裡也不服氣。為了懲罰小李,便說:「買裝潢材料,對方不賒帳,你先付50%的款項,否則怎麼工作?」小李興奮過了頭,二話不說,就拿出錢。

裝潢正式開始,叮叮噹噹,好不熱鬧。為了監督工作,小李親自坐鎮指揮。他覺得自己花了錢,是主人,態度傲慢,看

到不滿意的地方，就用難聽的字眼說教一番。結果，嘴巴沒閒過，不是這個地方不乾淨，就是那個地方不合適，最後居然還要修改裝潢方案，導致裝潢人員都不知道該怎麼做了。

監督了兩天後，小李有事情需要做，便沒有「監工」。這天晚上吃過晚飯後，小李來到新房，打算看看裝潢到什麼程度了。一進樓下大門，就遇到了樓下的鄰居：「你家裝潢完了？」

他說：「還沒呢。」

鄰居說：「這幾天沒聽到電鑽、電鋸的響動，我還以為裝潢完了。」

小李感覺到不對勁，急忙跑到樓上。打開房門一看，房間內什麼工具都沒有，亂作一團，依然保持在自己離開時的狀態。原來，裝潢工人受不了小李的挑剔與苛刻，捲款跑了。小李打電話聯繫，哪裡還找得到人？

過於斤斤計較，並不是好事，適當地糊塗一點，未嘗不是一件好事。有時候，是需要難得糊塗的。糊塗不是昏庸，而是為人處世豁達大度。

糊塗，既是一種智慧，也是一種生活方式。我們都是普通人，誰也無法完全駕馭這個世界，人是有局限性的，在某些場合必須放棄自己的理性，順其自然，裝糊塗。

任何人都希望自己是聰明的，希望能將自己的聰明才智展示在眾人面前，得到人們的認可。然而，真正的聰明人少之又

第五章　越執著計較，越難以獲得

少,而原本不聰明卻自作聰明的人到處都是。如果你是聰明的,就能正確理解自己,知道自己的能力,遇到問題的時候,能夠冷靜判斷,懂得量力而行。如果想表現得比其他人聰明一些,就要有自知之明,既不用向他人強調自己的聰明,也不用利用一切機會來向眾人表現你的聰明。

為人處世,確實需要聰明和智慧,但有時候聰明與智慧卻要依賴糊塗展現出來。做人難得糊塗,遇到事情的時候,一定不要斤斤計較。

怨恨他人是對自己最大的懲罰

> 怨恨，是一種可怕的情緒。因為怨恨，我們不肯與人冰釋前嫌；因為怨恨，我們懷恨他人一輩子，甚至對自己心存芥蒂。如此，不僅會傷害他人，也會在怨恨他人的過程中「毀掉」自己。成功者不會去怨恨他人，他們總是用微笑和愛去接受世界、接受他人，來照亮自己的世界。

在生活中，很多人都會與他人結下仇恨。有了仇恨不可怕，可怕的是一直耿耿於懷，甚至懷恨一輩子。如此，不僅不會解除與他人的誤會，還會使自己心存芥蒂、心情鬱悶，甚至做出偏激的事情毀掉自己。

美洲印第安人捕熊的方法很獨特：首先，他們會把蜂蜜塗在巨大的石頭上，然後用繩索把石頭掛在結實的樹枝上。熊來到這裡，為了抓住石頭，就會舉起前爪觸碰石頭。懸掛著的石頭受力，就會呈鐘擺運動，並打到熊身上。熊一旦生氣，就會用力地去擊石頭，石頭彈回來的力量也會越來越大。最終，熊就會被石頭擊倒。

其實，印第安人利用的就是熊的「怨恨」。愚笨的熊不知

第五章　越執著計較，越難以獲得

道停止暴力惡性循環的方法,由於品嘗不到蜂蜜,就一味地憤懣,最終毀了自己。

厭惡、憤怒、仇恨等負面情緒會讓人變得盲目和愚蠢。心中若充滿怨恨,只會變得越來越痛苦。不懂得「憤怒可以殺死人」的道理,可能就會像熊一樣,因怨恨而讓自己離死亡越來越近。

一個中年人在 26 歲時被人陷害,進入監獄,在那裡一待就是 10 年。後來,冤案告破,這個中年人終於走出了監獄。出獄後,中年人每天都喋喋不休地控訴、咒罵:「我真不幸,在最年輕有為的時候竟遭受冤屈,人生最美好的一段時光竟然在監獄裡度過⋯⋯老天怎麼就不懲罰那個陷害我的傢伙!」之後的幾十年裡,他不找工作,也不做任何事,貧病交加,最後憂鬱而死。

這個中年人的經歷雖然不幸,但更大的不幸在於,他沒有忘掉過去的仇恨與痛苦,沒有重新開始新的幸福生活,而是用仇恨、抱怨、詛咒等囚困了自己整整幾十年。其實,將過去的痛苦與仇恨記在大腦中,有什麼意義?

在人與人的交往中,怨恨是最具破壞性的情緒之一。心生怨恨,就會做出抗拒、批判、抱怨、故意令對方不舒服⋯⋯似乎別人都對不起他,覺得自己最委屈。這種反應一旦變成習慣,也就為自己埋下了一個定時炸彈。可是,不幸的是,大多

數人都不能清楚地察覺自己已經落入這種模式。家庭中，父母對孩子的哺育與照料是否周全，是孩子人格是否健全的關鍵所在。如果父母關心孩子，總是留意孩子的需求有無得到滿足，孩子就會覺得自己的父母是好的；反之，就會在他們的生理或心理上產生一定的挫敗感，甚至是強烈的憤怒感，繼而產生毀滅性的情緒。

同樣地，成年人若心存怨恨，用過去的痛苦來折磨現在的自己，都是在跟自己過不去。只有學會放下，學會遺忘，明天才會更加美好。

小梅心地善良，曾經很用心地投入一場愛情。大學畢業後因為找不到工作，便被男友甩了。小梅感到很難過，但由此也知道了男友的勢利。

經過一番內心掙扎，小梅決定接受現實，勇敢面對，斬斷情絲。她用火點燃了以往交往留下的信件和互贈的禮物，下定決心，重新開始嶄新的生活。

小梅開始學習傳統文化，每天堅持聽聖賢的教誨。機緣巧合下，她認識了弘揚傳統文化的老師。為了將這種優秀文化傳播給同樣困苦的人，她盡心盡力地幫助需要幫助的人，為煩惱的人進行開解……在積極有意義的事業中，小梅感受到了助人的快樂；同時，還在傳統文化的學習中，體會到了聖賢的博大胸懷。

第五章　越執著計較，越難以獲得

　　小梅忘掉了那段令人痛心的煩惱。隨著學習的深入，她的心境也越來越開闊，原先想不通的事，想開了也放下了。心開意解後，她不但原諒了前男友，還衷心地祝福他。

　　幾年之後，兩人各自成家。在一次意外事故中，前男友雙眼失明。小梅聽說了這件事，立刻前往探望，為他們一家送去了安慰與鼓勵。男孩的父母看到她時，流著眼淚說：「我們家對不起妳啊！」男人的妻子看到她不計前嫌，在他們最困難、最需要關懷的時候提供幫助，非常感動。

　　小梅的寬容與諒解，不但解開了彼此的心結，化解了怨恨，還為對方及時提供幫助，很令人感動。

　　我們要打開自己的胸懷，用更寬廣的愛心，包容所有的不平，就能融化所有的怨恨。內心放下怨恨，生活也就輕鬆自在了。

放得下過去的人，才能活在當下

徐志摩〈再別康橋〉中有句膾炙人口的詩句：「揮一揮衣袖，不帶走一片雲彩！」世界上，最瀟灑的人，都能放下該放下的事情，活在當下。每個人都有悲傷的昨天、失敗的經歷，不懂得放下，總是生活在過去的負面情緒中，就會在悲傷、痛苦、自責中錯過當下的美好。所以，無論如何，都要有一顆懂得放下的心。

佛教傳說中，有一位布袋和尚，他曾做過一首四言詩：「行也布袋，坐也布袋。放下布袋，何等自在。」大意就是：放下生活中不理智的執著。生活中，我們總會執著於鞋子而忽視了腳的存在，總會執著於虛心而忽視了事實的存在。我們只有放下怨恨、悲傷、嫉妒、憂鬱、萎靡等負面情緒，才能獲得輕鬆。在馬拉松比賽中獲勝的人，就是因為放棄了自己原本跑一百公尺的速度。人生就是一個不斷選擇的過程，明智地放棄，知道如何割捨，是一種重要的智慧。在人生的道路上，只有懂得如何割捨、如何放下，才能找到真正適合自己的道路。什麼都不放棄、什麼都想抓在手裡，最後反而會什麼都抓不到。

只有放下，才能輕鬆自在；只有學會放下的智慧，才能面

第五章　越執著計較，越難以獲得

對人生旅程中的任何困境，心無障礙。過去已經無法改變，如果想改變未來，就要從「當下」開始。

「學會放下」是每個人一生都要學習的必修課，無論是開心還是難過。過度沉溺於過去，只能讓自己徒增煩惱，只會讓自己被無法改變的事實困住。

幸福，就是從自己願意放下的那一刻開始的！只有懂得放下，才能找到真正的幸福，要少一些焦慮，專注於當下。生活中，唯一能確定的就是此時此刻的自己，放下包袱，人生就能充滿快樂！

人生中的大多數困擾，都是自己造成的。沉溺於過去、對自己犯的錯懊悔不已、糾結於無法改變的事實、對未來過度幻想、無法放下過去，都容易出現很多煩惱。想要讓自己走出人生的低潮，最好的方法之一就是讓自己活在此時此刻。

昨天已經過去，該發生的已經發生了，明天會怎麼樣，任何人都不知道。

只有活在當下，才能輕鬆快樂地生活；只有懂得放下，才能獲得幸福的重生和開始。

漢宣帝剛繼位的時候，想將祭祀漢武帝的「廟樂」升格，結果遭到光祿大夫夏侯勝的反對，丞相、御史大夫等公卿大臣都感到異常惶恐，竟敢反對皇上的詔書，這還得了？

這些人聯合起來，向漢宣帝上了一道奏章，說夏侯勝大逆

不道，同時，還將不肯在奏章上簽名的丞相長史黃霸一起上報給皇帝。夏侯勝和黃霸兩人同時被捕下獄，判了死罪，待在同一間牢房裡，等待處死。

夏侯勝是當時有名的大學士，精通《尚書》，為人耿直，受到這樣大的侮辱，意志消沉。而黃霸生性樂觀，他本來就非常仰慕夏侯勝，心想：「過去每天都忙著公務，現在有了時間，良師就在眼前，為什麼不立刻補上這一課？」

黃霸將自己求學的想法告訴了夏侯勝，夏侯勝卻頹廢地說：「我們倆都犯了死罪，明天就要腦袋搬家了，還學什麼？」

黃霸卻說：「孔子曾說過：『朝聞道，夕死可矣。』我們應該活在當下，抓住現在，只要今天過得快樂一些即可，何必在意虛無縹緲的明天？」

夏侯勝恍然大悟，因而有了力量，答應了黃霸的請求。他們兩人席地而坐，夏侯勝認真地向黃霸傳授《尚書》，黃霸則集中注意力認真聽。兩人沉浸在學習的過程中，完全忘記了這是牢房。

漢宣帝派人到監獄裡檢視兩人是否感到難過、想悔改，結果看到的卻是這樣一番場景。漢宣帝感到很不滿，但他也是一個愛才之人，不忍心傷害他們，以至案件拖了很長時間都無法做出決斷。

雖然身陷監牢，但夏侯勝和黃霸卻心中一片敞亮。兩人每天都有事情做，時間不再顯得漫長，倏忽兩年過去了，兩人的

第五章　越執著計較，越難以獲得

思想都有了進步，精神更加充實。

兩年後的某一天，漢宣帝大赦天下，夏侯勝和黃霸走出了牢房。可是，他們並沒有被逐回老家，而是直接被宣進朝廷，夏侯勝被任命為諫大夫，留在皇帝身邊；黃霸被封為揚州刺史，到外地做官。最後，夏侯勝當上太傅，受到天下儒生的敬仰；黃霸精明幹練，做出了卓越的成績，天下聞名，做到了丞相。

不可否認，牢獄之災是夏侯勝和黃霸命運的轉捩點。從令人崇敬的士大夫，一下子淪落成監牢中的死囚犯，轉折大得讓人難以適應。但這次牢獄之災，也是他們新的人生起點。正是因為他們了解人生的意義就是活在當下，才有了夏侯勝九十歲高齡的榮耀、黃霸為相第一的美譽。

人生最大的困厄就是等待死亡。活在世上，許多人都是活在對未來的期望之中，如果知道死亡近在咫尺，那麼希望的火焰便熄滅了。佛家說：「見了便做，做了便放下，了了有何不了。」這種心態看起來似乎有些消極，但包含著大智慧——活在當下，便能活出未來！

每天我們都在為了實現自己的目標和理想而努力，結果距離實現心中的「藍圖」越近，生命的負累也就越重。人生的成與敗是相對的，不要太在意過去的事物，要懂得放下，放下執念，拍拍身上的灰塵，重新踏上征程。

吃得起虧，才能容得下人

> 俗話說：「吃虧是福。」、「塞翁失馬，焉知非福？」吃虧，並不是一種災難，只有經歷過吃虧，才能獲得更多的意外收穫。不肯吃虧，得了小便宜，不一定就能成為最後的贏家；反而，贏到最後的人往往都是那些善於吃虧、肯吃虧的老實人。

雖然有一句話叫做「吃虧就是占便宜」，但是大多數人依然喜歡占便宜，而不喜歡吃虧。既然如此，經常占人便宜的人，自然也就無法受到他人的歡迎。

周霞大學畢業後到一家私立醫院工作，每天做的事就是將醫生的處方輸入電腦，統計他們的工作量，有時還要幫老醫生抄處方，工作異常瑣碎。工作內容和專科生做的一樣，雖然薪資比他們高一點，但周霞總是感到空蕩蕩的。

有一次，跟幾個同學外出吃飯，內心惆悵的周霞多喝了點酒。餐廳老闆認識周霞，出來打招呼。聽完她帶著酒氣的怨言，老闆拍拍她的肩膀說：「我跟妳說我的故事吧。」大家都將目光集中在老闆身上。

「小時候，我的家裡比較窮，國中畢業後，我就去學習當

第五章　越執著計較，越難以獲得

廚師。最後,我以優異的成績畢業,應徵到一家餐廳上班,結果人家不缺廚師,我便去當服務生,主要負責端菜。在端菜的過程中,我留意著廚師的作品,學到很多以前沒有學過的菜色和花樣。餐廳忙的時候,我就去廚房幫忙,雖然薪資照舊,但我也很高興。」

他接著說:「當時如果不端盤子,我連吃飯都有困難。後來有一個廚師辭職,我跟老闆說自己想試試,結果比那個廚師的水準還高。而且,因為替客人端過菜,我了解客人喜歡的菜餚,餐廳的菜系和品項大部分都是按照我的設計。我在那家餐廳工作了五年,賺了差不多 70 萬,這是我人生的第一桶金。之後,我便用這筆錢開了這家餐廳。」

老闆看了一眼周霞,接著說:「不管做什麼工作,妳都不會吃虧。想想看,統計老醫生的藥方,就能了解他們治病的絕招,替老醫生抄藥方,也就學習了他們一生經驗的總結。這些都是無價之寶!」

吃虧,不僅是待人處世最取巧的方式,也是做人處世能夠成功的不二法門。因此,處事做人就要肯吃虧。懂得付出,不計較吃虧,才能擁有富有的人生;反之,任何事都喜歡斤斤計較,只知道接受卻吝於付出,人生也會貧窮很多。所以,討便宜的,不一定真的能討到便宜;吃虧的,不一定真的會吃虧。真正說來,吃虧才是在討便宜。

做事有長遠計畫的人，不會只計較自己的獲得，而會在適當的時候捨棄。因為他們知道，有時候「吃虧」也不是什麼災難，只有在多方捨棄後，才能獲得更多的意外收穫。

亨利是一家食品公司的總經理。有一天他在檢視化驗室的報告時，發現食品配方中發揮保鮮作用的添加物有毒，雖然毒性不強，但若長期服用，也會對身體健康造成傷害；不使用添加物，又會影響到食品的鮮度。亨利覺得應該對顧客真誠，便立刻將這件事情告訴了顧客，接著又向社會宣布：防腐劑有毒，對身體有害。

做完這件事後，亨利承受了巨大的壓力，不僅食品銷路銳減，所有從事食品加工的老闆都聯合起來向他反撲，指責他別有用心，打擊別人，抬高自己。在他人的抵制下，亨利的公司瀕臨倒閉，苦苦掙扎了4年後，公司無以為繼，但人們都知道亨利的名字。

這時候，政府站出來對亨利表示支持，公司產品又成為令人們放心滿意的熱門商品。公司在很短的時間內便恢復了元氣，規模擴大了兩倍，一舉成為英國食品加工業的「龍頭公司」。

很多人認為，吃虧會讓自己有所損失，自己想要的卻沒有得到，本來應該擁有的卻沒有獲得，心裡總會有一種失落的感覺。可是，如果不捨棄自己的利益、成全別人，就不會得到別人更多的關注和支持。

第五章　越執著計較，越難以獲得

　　敢於吃虧，不僅展現了大度的胸懷，也是做大事者的必要素養。關鍵時刻,將虧吃得淋漓盡致,才能成為真正的贏家。

　　吃虧是福,展現的是一種瀟灑的生活態度、一種做事的魄力,能夠將自身利益拱手相讓,不僅需要一份勇氣、一種風度,更需要一種氣量!

第六章
胸懷有多寬,天地就有多廣

第六章　胸懷有多寬，天地就有多廣

善於藉助團隊的力量

> 格式塔學派（Gestalt psychology）主張：「部分相加不等於整體，整體大於部分之和。」這就是「格式塔定律」。格式塔定律說明了團隊的重要性：在一個團隊中，集體的力量絕非個體的力量簡單相加可比。

心理學家曾經做過一個實驗，把七、八隻黃蜂同時關進一個密封的小木箱裡。幾天後，打開木箱，發現箱子四壁多出了七、八個小洞，每一個洞裡各有一隻死去的黃蜂。而這些小洞的深度，最淺的也超過了木板厚度的一半。

事實上，只要這些黃蜂在生命攸關之時能夠團結合作，每一隻都在同一個洞上輪流鑽一段，那牠們完全可以輕易鑽破木箱，化險為夷，走出絕境。然而遺憾的是，牠們一個個只顧各自逃命，最後反倒全部命喪黃泉。

哈佛大學教授們試圖用這個實驗來告誡學子：在現今社會中，單打獨鬥的個人英雄主義已經行不通了，只有積極地與他人合作，才能以最小的代價獲得最大的成功。

日本北海道大學進化生物研究小組曾對螞蟻進行過一項有趣的實驗，他們追蹤觀察三個分別由 30 隻螞蟻組成的蟻群的

活動。結果發現，大部分螞蟻都很勤快地尋找、搬運食物，而少數螞蟻則整日無所事事、東張西望，這些少數螞蟻被人們叫做「懶螞蟻」。

有趣的是，當生物學家將這些「懶螞蟻」做上標記，並且斷絕蟻群的食物來源時，那些平時工作很勤快的螞蟻表現得無所適從，而「懶螞蟻」們則勇敢地擔任起了帶頭兵，帶領眾螞蟻向牠們早已偵察到的新食物源出發。

經過研究，生物學家發現，「懶螞蟻」們雖然沒有像那些勤勞的螞蟻一樣搬運食物，但是牠們把大部分時間都花在「偵察」和「研究」上。因此牠們能夠保持對新的食物的探索狀態，從而保證群體找到食物。

「懶螞蟻」和勤勞螞蟻之間的關係，就是合作關係，合作讓牠們之間的優勢互補，實現了一加一大於二的可能性，從而更有效益地尋找食物。這種關係不僅存在於螞蟻身上，還有其他的動物：大雁。大雁在飛行時排成 V 字形，而 V 字形的一邊比另一邊要長一些，並且雁群還會不斷地更換領隊，這些都是因為為首的大雁要在前面開路，幫助左右兩邊的大雁形成區域性的真空。科學家曾在風洞試驗中發現，成群的雁以 V 字形飛行，比一隻雁單獨飛行能多飛 12％的距離。人類也一樣，只有懂得合作，將各自的優勢發揮到極致，才能實現一加一大於二，才能走得更遠。

第六章　胸懷有多寬，天地就有多廣

　　合作是組合式的行為，人們為了達到某一特定目標，而把興趣、知識、才能、物質、經濟等實力相同或相似的人連繫在一起，將他們的才能和實力相加起來使用。對於樂於與他人合作的人來說，合作是一件快樂的事情，也是一件必需的事，因為很多事情只有透過互相的合作才能完成。

　　美國加利福尼亞大學的副教授查爾斯‧卡費爾德，曾對美國 1,500 名取得傑出成就的人物進行調查和研究，發現他們之間存在某些共同點，其中之一就是合作精神。這些人認為，合作的過程就是互相競爭和幫助的過程。在合作的過程中，並不是考慮如何擊敗競爭者，而是借助對方的力量提升自己。

　　合作使幾個孤立的人組成了一個團隊，加強了整體實力，在幫助別人的同時也強大了自己。如果不懂得與別人合作，則可能連自己已經得到的都會失去。

　　社會是一個大環境，在這個環境中，沒有人能夠不依靠他人而獨立生存，更不可能取得長久的成功。並且，合作是將多個人的力量凝聚在一起，它大於其中個人的力量單純地相加。所以，選擇合作，才能更快更好地成功。

　　在團隊中要有不被孤立的智慧，千萬不要傻到獨來獨往、四處樹敵。這樣做能幫助你在團隊中不被孤立：

　　①控制自己的衝動，發表看法前先讓自己保持冷靜；

　　②對周圍的人抱著友善的觀念，不要因為看不慣某些人而

影響團隊的團結；

③提出意見時有理有據，而不是強詞奪理；

④隨時以高標準要求自己；

⑤從來都不會認為自己比別人強。

做到了上面幾項，你就能防止自己在團隊中被孤立。你會發現自己不再浮躁，能夠清楚地看到前進的目標，工作中所犯的錯不斷減少，當別人都認為無法進步的時候，你卻仍舊能夠繼續向前，最終脫穎而出。

胸懷幫你打開人脈之門

有人曾說:「一個人的成功,80%取決於他的人脈。」毫不誇張地說,關係決定命運,人脈決定財脈。那為何有的人人脈廣,有的人卻沒有幾個朋友?其實,經營人脈,也是一門很深的學問。在與人交往中,一定要從「心」出發,用自己的寬容之心,贏得他人的信賴;用自己的廣闊胸懷,築起強大的人脈網。

如果把人脈比作是一棵大樹,你就是辛勤的園丁,想要讓這棵大樹茁壯成長,就要精心培育,定時為它施肥、澆水、剪枝等。事實證明,得人脈者得天下!即使從事的行業很普通,但只要重視人脈的累積,也能夠獲得出人意料的成功。

美國心理學家 W‧巴克說過:「人離不開人 —— 他要學習他們,傷害他們,支配他們……總之,人需要與其他人在一起。」在社會上生存,想要得到更多的朋友、獲得更多的人脈資源和幫助,首先就要建立一個或幾個屬於自己的圈子。圈子裡的成員,一般都有著相近的愛好和共同話題,說話自由,交流方便,很容易找到志同道合的朋友,聽到自己關心的各種資訊,得到意想不到的收穫。

可是，人脈在哪裡？無處不在。每天我們都會看到不同類型、不同性格的人，經過相處、交談、互動，這些人都可能變成你的貴人。而要讓他們成為自己的貴人，首先就要正視自己，用寬廣的胸懷看待、包容一切。

每天早上，農家女孩都會在院子裡翩翩起舞，不管颱風下雨，風雨無阻。女孩夢想著自己有朝一日能站在真正的舞臺上盡情地舞蹈，跳出優美的舞姿。她一直跳，不斷地努力，終於從農家小院跳到了大眾舞臺上，從一人獨舞跳到與萬人共舞……

每個人心中都有一個自己的舞臺，心有多大，舞臺就有多大。生活為人們提供了一個大舞臺，想成為什麼樣的人或想跟什麼樣的人交往，取決於你對生命的規劃與定位。

人的心胸有多寬，人脈就有多廣。目光長遠，隨時想著提升和進步，就可以找到豐富的人脈資源。心胸寬廣、積極追求的人，總會受到他人的推崇和追隨。

從一定程度上來說，人脈關係的好壞取決於人的心，只要心好，就能建立起良好的人脈關係。何為心好？就是在處理人際關係時，用一顆寬廣的心、包容的心、真誠的心去面對各種朋友，用心去開拓人脈的泉源，讓自己成為人生舞臺的閃亮主角。

懷著一顆真誠的心，面對身邊所有的人，人脈關係也會變

第六章　胸懷有多寬，天地就有多廣

得優質而和諧。缺少寬闊的胸懷，會讓人脈關係變得緊張。遇到這種人，很多人會得理不饒人。我們要抱著一顆寬容的心去原諒他人，有理也要讓三分，就會與他人建立起彼此信任的人際關係。

為人小氣，遇事計較，朋友們就會遠離你。為人處世，不管大事、小事，無論何時何地，都要用心去做，這不僅是在做事，也是在做人，更是為今後的人脈關係累積和儲備能量。

成功屬於敢打破常規的人

> 著名學者普西（Nathan Pusey）提出：「一個人是否具有創造力，是一流人才和三流人才的分水嶺。」各國以及各界，針對人的創造力的重要性充分研究的同時，創造力教育已經在越來越多的國家受到重視。

美國之所以在世界上具有強大的優勢，並不僅僅在於其擁有強大的武器及富足的金錢，關鍵在於它擁有一個龐大的人才資源庫，而這個資源庫是各種創新的發源地。正是這些創新，使美國的各種產品，如軍工、航空、電子電工、汽車、化工、醫學等始終處於世界的領先地位。不僅如此，在產品的開發、銷售以及各種活動的組織方面，美國人也是經常出人意料。

如果說，在過去創新是一個人、一個企業、一個國家生存、發展、成功、領先的基礎；那麼在將來，這更是一項難以打破的真理。道理是顯而易見的，隨著科技的不斷發展，尤其是電子產品的不斷更新換代，人們將透過電子產品來節省大量記憶的時間和精力，人將主要去從事針對電子產品中所保留的資訊進行篩選、分析和歸納；然後對篩選、分析和歸納過的知識、資訊進行合成、改變；最後運用個人所特有的創造力，對

第六章　胸懷有多寬，天地就有多廣

原有的資訊、知識再加工改造，形成新的資訊和知識產品。同時，隨著社會的不斷進步，現代科技發展一日千里，誰能創造出滿足人類社會需求的新產品，誰就擁有競爭的優勢；哪一個國家能夠在傳統上有新的突破，這個國家就會有突破性的發展；誰能夠有符合社會需求的創新，他就會在事業上有新的發展空間。

在知識日益增值的時代，商品價值已不僅是勞動者單純體力的物化，更是勞動者創造性智力的轉化。勞動者的創造性智力使商品的價值出現等比級數的增加。因此，個人強烈的好奇心、高度的創新意識、創造欲和較強的創新能力是我們在新時代必須具備的基本條件，增強個人的創新意識和創新能力已經成為時代的最基本的要求。

法國昆蟲學家法布爾做過一個有名的「毛毛蟲實驗」。法布爾在一個花盆的邊緣上擺放了一些毛毛蟲，讓牠們首尾相連圍成一個圈，與此同時，在離花盆周圍 6 英寸遠的地方，撒了一些牠們最喜歡吃的松針。由於這些蟲子天生有一種「跟隨者」的習性，因此牠們一隻跟著一隻，繞著花盆邊一圈一圈地行走。時間慢慢地過去了，一分鐘、一小時、一天……毛毛蟲就這樣固執地繞著圈子，一走到底。後來，法布爾把其中一隻毛毛蟲拿開，使其原來的環出現了一個缺口，結果在缺口的頭一隻毛毛蟲，自動地離開花盆邊緣，找到了自己最喜歡的松針。

毛毛蟲的實驗告訴我們，在一個封閉的思考模式裡，很容易形成盲從和跟隨。

　　一個胸懷小的人，無論多麼有才華，絕不會成為真正的成功者。優秀的頭腦不能屈從於陳規，或者因循守舊，真正的成功者向來都是陳規陋習的粉碎者。如這般萬中選一的人物，才能夠從芸芸眾生中脫穎而出，打破常規，標新立異，以其獨特的個性，贏得真正的成功。

　　多年前，某一所學校的一次會議上，一名教授憤怒地說：「我無法理解，我們為什麼要改變學院現有的管理模式？80年來，我們的學院在這種模式下一直運作良好。」

　　「我可以回答您的這個問題，」會議主持者、年輕的校長查爾斯‧艾略特（Charles Eliot）說道，「因為現在來了新校長。」

　　這位年輕的新任校長只有35歲，大膽而自信，對於那些只是因為古老，或者因為已成定規而一直遵行至今的陳規舊律，沒有絲毫的敬畏。對於如何管理這所大學，他有著自己全新的觀念，他也有勇氣、有能力去推行這些觀念。作為新任校長，他決心要為這所古老的大學注入新鮮的血液，賦予它嶄新的生命。無論要打破什麼樣的先例，也不管會冒犯哪些人的觀點。

　　年輕的艾略特發現，傳統的教育體制和宗教體制已是根深蒂固，但他無所畏懼，憑藉著自己非凡的才能，勇敢地破舊立

第六章　胸懷有多寬，天地就有多廣

新。在他的英明領導下，到他離任時，這一所原來僅有400名學生的小型神學院，已經擁有6,000名學生，並招募了大量優秀教師，成為世界上著名而又有前途的大學之一。

常規是被眾多人認定的，但是，能夠贏得精采人生、創造輝煌事業的人，卻只是少數。曾經有一位社會學者調查後得出結論：凡是能夠成功打破常規的人，幾乎都獲得了成功。

查理是一位年過40歲的商人，出生在一個偏遠的山區，父母都是農民。查理是一個思想敏捷的人，腦袋裡成天想著發財的事情。儘管他的想法常常遭到別人的恥笑，但他依舊沒有放棄。

查理經常前往另外一個同樣非常偏遠的山區，一開始，他只是幫助需要勞力的人家做事，後來，他在這個山區做起了生意。查理發現這個地方的商品交易非常落後，於是就萌發了開一間小型商場的想法。他把這個想法告訴家人後，遭到了極力反對，他的家人認為那麼貧窮的地方，生意必定不會好。但是，查理堅持了自己的想法。

事情如他所預想的一樣，一帆風順，生意出奇的好。農民們的產品有了正規的交易市場，經濟逐漸活躍，市場進入了良性循環。現在，查理已經不得不擴大經營了。

常規是束縛創造力的關鍵，如果我們能夠打破常規、衝出重圍，就可以打開成功的大門。否則，我們永遠只能在成功的邊緣徘徊。

留餘地給別人就是留退路給自己

> 無論是在日常生活中,還是在與人交往的過程中,為他人留有餘地都是一種智慧、一種修養、一種自我充實的方式。為他人留有餘地,就是不將事情做絕。與人方便,就是於己方便,多留條路給別人,就是留退路給自己,千萬不要將事情做得太絕。

世間萬物都處於變化之中,誰都不知道未來會發生什麼。所以,無論做什麼事、說什麼話,都要為別人和自己留下餘地。學會留有餘地,也是做人的智慧、做事的聰明所在。話不可說滿,事不能做絕,留出一定的餘地,才有足夠的迴旋空間。

與人相處,不要將事情做得太絕,為對方留有餘地,今後不管在什麼場合見面,都不會感到難堪,更不會陷入尷尬的境地。

小馬是一家外貿公司的市場經理,在外銷服裝市場打拚了好幾年,客源穩定,工作也是得心應手。

老闆對小馬的工作能力很放心,便充分地授權小馬,一些細節上的小事可以不必向他彙報,讓小馬自己去處理。小馬不

第六章　胸懷有多寬，天地就有多廣

負眾望，經過自己的努力，業績蒸蒸日上，在公司業績考核中每次都名列前茅。

而小紀與小馬相比，就遜色多了。小紀比小馬年輕幾歲，從事外貿服裝業務只有兩年，不僅經驗少，而且為人木訥，不擅言辭，到公司半年幾乎沒什麼業績可言。

小馬作為小紀的上司，對小紀的表現很不滿意，經常說小紀拖了整個團隊的後腿，並不止一次向老闆談論要辭退小紀的事情。老闆總是以小紀還年輕，還需要鍛鍊機會之類的話搪塞過去。

有一次，小紀由於工作失誤，失去了一個大客戶。這個失誤本來是每一位從事業務行業的人都在所難免的，但是小馬卻拿這件事為藉口，請老闆辭退小紀。這一次，老闆也覺得留著小紀不合情理。於是，小紀失業了。

一年後，俄羅斯政府發表了新政：為了保護本國零售業，對進口服裝進行限制。老闆看形勢不妙，便將公司關閉，轉投入其他行業。小馬失業了，不得不重新尋找工作。

由於小馬的工作經驗與客戶資源僅限於服裝，再加上他不想做小職員，所以找工作的過程中處處碰壁，失業兩個月，依然沒有找到工作。

有一天，一家公司打來電話，請小馬去面試。到了那裡，小馬發現面試的人很眼熟，似乎在哪裡見過，就是想不起來是

誰。對方先認出了他：「你好，馬經理。」

小馬感到很困惑：「你是？」

對方說：「您真是貴人多忘事，我是小紀啊！」

原來小紀被上一家公司辭退後，應徵到新公司上班。這一份工作跟他所學的專業領域很符合，從事機械銷售業務也得心應手，再加上他踏實誠懇、吃苦能幹，深得老闆的賞識。不久前，前任業務經理辭職，小紀就順理成章地升任經理。

面對小紀，小馬想起以前的各種事情，感到無地自容，平時口齒伶俐的他，說話也結巴起來。可是小紀並沒有提過去發生的事，面試最後告訴小馬：「我很清楚你的能力，明天來上班吧。」

小馬被小紀寬容大度的心胸所折服，來到新公司後，工作賣力，銷售業績節節上升，半年後也獲得升職。小紀得到小馬的鼎力相助後，也如虎添翼，事業又更上一層樓。當然，兩人也成了好朋友。

小馬與小紀的經歷告訴我們：為人處世，為他人留一條後路的重要性。睚眥必報、將人逼向絕路，也就堵死了自己的退路；寬容大度，替別人留一條後路，也是在留後路給自己。

與人方便，就是與己方便。說話不偏激，做事不過頭，才能保全自己。自然界的一切都是互相依存的，替別人留下餘地，也就為自己留下了生機與希望。

第六章　胸懷有多寬，天地就有多廣

　　人生，就像下棋，黑白之間蘊藏著無限的玄機，想要獲勝，就要多花一點時間，想想自己的這盤棋該怎麼下。如果想讓自己有所成，就要想想，你打算如何過完自己的一生。

　　下棋，必須精心謀劃，一著不慎，就會全盤皆輸。人生更需要進行策略謀劃，不小心走錯了一步，便會落得失敗的下場！

　　更重要的是，輸掉一盤棋，還可以從頭再下；做人一旦失敗，就很難東山再起了。遇事留有餘地，為自己留條退路，至關重要！

你不能面對恐懼，就無法征服世界

> 每個人心中都有令自己恐懼的事情，害怕無助、害怕被排斥、害怕孤獨、害怕傷害、害怕死亡，有的人則是害怕失業、害怕失戀、害怕失敗……每個人都有恐懼心，平凡的人總會將內心的恐懼放大，無法面對；而優秀的人，總會堅強、勇敢地面對內心恐懼的事情。只有敢於面對恐懼，才能征服全世界。

在嚴峻的現實和激烈的競爭面前，在還沒有行動之前，很多人便敗給了自己，因為他們對失敗的恐懼遠超過對成功的信任。任何事情的結果都有兩個：一個是成功，一個是失敗。你相信哪一個，那就會變成現實。

《三國演義》中，有一個被世人稱讚的計策——「空城計」：司馬懿父子率領十萬大軍來到城下，城中只有為數不多的老弱殘兵。諸葛亮打開中間四門，只安排幾個打雜兵在門口打掃，自己坐在城牆上彈琴。大軍兵臨城下，司馬懿看到諸葛亮和當時的情景，覺得這是諸葛亮的計謀，於是便率領大軍撤退，使空城得以保全。

其實，是司馬懿父子面對空城產生了恐懼並選擇逃避，所

第六章　胸懷有多寬，天地就有多廣

以成為千古笑柄。

在人類的生命情感中，恐懼是一種難解的癥結。對於自然界和人類社會，生命的歷程從來都不是一帆風順的，總會遇到各種意想不到的挫折、失敗和痛苦。想到自己會有某種不良後果或受到威脅，就會感到緊張不安、憂慮、煩心、恐懼、驚慌等。

「空城計」的故事再一次提醒我們：面對生活中的恐懼，只有勇於挑戰，才能戰勝恐懼。

有一天下午，上班族小麥問了自己一個問題：「如果我今天就死去，會不會留下什麼遺憾？」答案是肯定的，而且令他感到萬分恐懼。

小麥意識到，雖然自己的工作還不錯、未婚妻長得漂亮，還有很多關心自己的好友，但自己這輩子過得太平淡了，既沒有到達高峰，也沒有跌到谷底。他哭了，為自己怯懦的前半生而哭。

小麥開始檢討自己，並為自己一生的恐懼開出了一張清單：小時候怕鳥、怕貓、怕蛇、怕蝙蝠、怕黑、怕放鞭炮⋯⋯長大後，怕孤獨、怕失敗、怕與陌生人交談、怕精神崩潰⋯⋯想到這裡，他忽然意識到，這些都是造成他一生平平淡淡的根源，為了挑戰恐懼、戰勝恐懼，他決定前往「恐怖角」。

雖然這樣做，會遇到各種困難，也很可能會被他人欺負，但小麥沒有動搖。

37歲的小麥辭掉工作，把身上僅有的錢施捨給街上的乞

丐，帶了幾套換洗衣物，告別了未婚妻，獨自橫越美國，向位於大西洋北岸的卡羅來納州的「恐怖角」前進。一路上，他沒有接受任何金錢的饋贈，雷雨交加的夜晚睡在超市提供的簡易睡袋裡，還遇到幾個像劫匪的傢伙，碰到過幾個患有精神病的好心人……經過多次迷路、吃了多頓野餐，在眾人的幫助下，他終於抵達了目的地。

這時候，小麥才知道，「恐怖角」這個名稱是 16 世紀一位探險家取的，本來叫「Cape Faire」，經過時間的洗禮，被訛傳為「Cape Fear」，完全是誤傳！

這一次獨自旅行徹底改變了小麥。也許，在今後漫長的歲月裡，小麥還會陷入各種恐懼，但他已經知道如何應對恐懼了，不會再讓恐懼掌控他的後半生。

在我們一生中，任何人都離不開恐懼，無論是公眾演講、求職面試，還是面對挫折失敗、壓力責任，都會產生心跳加速、焦灼急躁的感覺，這就是恐懼的具體表現。心生恐懼時，我們會感到孤獨無助，會懷疑自己。遇到令自己恐懼的事情，不要害怕，只要成功化解掉恐懼帶來的壓力、焦慮、懼怕、緊張等不良情緒，做出反擊，就能戰勝恐懼，獲得新生。

每個人都會產生恐懼的感覺，成功人士也不例外。普通人與成功人士之間唯一的不同就在於，他們願意處理恐懼，戰勝恐懼，然後超越它，贏得成功。

第六章　胸懷有多寬，天地就有多廣

有格局才有強大的包容心

> 十九世紀法國大文學家維克多・雨果（Victor Hugo）曾說：「世界上最寬闊的是海洋，比海洋寬闊的是天空，比天空更寬闊的是人的胸懷。」這句話告訴我們：人要有一顆包容的心。包容心是成功人士的基本修養之一，因為能包容他人的不足、過失，能包容團隊中不一樣的元素，才能成為人心所向的領導者、成功者。

包容是成功者的重要品德，展現了一個人的胸襟和氣度，更顯現了一種人性的溫暖與光輝，代表了人的自信和力量。磊落坦蕩的人，都懂得包容他人。

小吳與同事發生了衝突，幾乎到了水火不容的地步，甚至還影響到彼此的工作，小吳決定離職。當他將辭職申請遞給老闆的時候，老闆就理解了，因為公司裡的人都知道他們兩人的對立情形，於是便問他：「如果沒有發生衝突，你會辭職嗎？」

小吳回答說：「不會！我很喜歡這份工作，但是我恨透了那個傢伙，跟他在同一個辦公室工作，渾身不舒服，我只能離開。」

老闆問:「為什麼要讓他成為你生命的重心?」

聽到老闆的問話,小吳一句話都說不上來。

長時間跟某個人處於抗爭狀態,就會慢慢失去自己。當你把自己的全部注意力都集中在那個人身上時,他就成為你的全世界,成為你生命的重心。待人寬容,才會忽略掉那些不愉快的事情。

心胸有多大,成功就有多大;能夠包容多少,就能擁有多少。在為人處世中,對不同的觀點、行為,要予以理解和尊重,即使自己有理,也不能咄咄逼人,更不能將自己的觀點和行為強加給別人,要尊重他人的自由選擇。一定要記住:尊重別人就是尊重自己,只有包容別人,才會為自己帶來廣闊的未來。

湯姆和格林為一家雜貨店工作,老闆是一位上了年紀的老人,沒有兒女。老闆離世之前,將雜貨店留給他們兩人。

有一天早上,湯姆將收到的一美元放在收銀機裡,沒有上鎖便離開了。回來後,發現這一美元不見了。湯姆覺得一定是格林拿走了,可是格林卻矢口否認,甚至還說湯姆不相信他。兩人發生了激烈的爭吵,之後把雜貨店從中間隔開,變成了兩家雜貨店。多年後,兩人的仇恨似乎少了很多,但依舊不說話。

有一天,有個人來到湯姆的雜貨店,對湯姆說:「多年前,

第六章　胸懷有多寬，天地就有多廣

一貧如洗的我經過這裡，趁你們沒注意，從收銀機裡拿走了一美元。雖然錢不多，但我一直都覺得良心不安，總是想把錢歸還，可是事情太多，今天我終於回來了。」

聽到這裡，湯姆淚流滿面，請那個人到隔壁店裡把這件事又說了一遍。聽了此人的講述，兩位老人擁抱在一起，老淚縱橫。

僅一美元，導致了這麼嚴重的後果。當初，如果兩個人對彼此多一點寬容，後面的事情可能就不會發生了；如果兩個人能一直保持良好的合作，雜貨店還可能越開越大。

與他人相處，要有一顆寬容之心，不能斤斤計較。與他人相識，是一種難得的緣分，只有懂得寬容，才能獲得快樂，才不至於被憂愁和苦惱所困擾。他人犯錯，你若不懂得寬容，就是拿別人的錯誤懲罰自己，最終只能永遠地被憂愁和苦惱所困擾。包容，展現了人的修養和品格。面對別人的誤會和不解，最聰明的做法就是予以寬容和諒解。對別人的誤會耿耿於懷，只會在彼此之間形成更大的隔閡。只有包容他人，才能擁有廣博的胸懷；學會包容，你的人生也會與眾不同！

第七章
有格局,不出局

第七章　有格局，不出局

不要畏懼失敗和挫折

> 有個成語叫勇往直前，意思就是說勇敢地一直向前。這是一種積極的生活態度，我們只要勇敢地一直向前，在失敗和挫折面前也絕不畏縮，就能夠取得勝利。

在馬倫戈戰役（Battle of Marengo）前夕，拿破崙心裡就有了一個計畫——趁奧地利的老狐狸米夏埃爾・馮・梅拉斯（Michael von Melas）路過都靈的時候打敗他，並且還為此做了不少的準備，只等著奧地利軍隊的到來。

然而，戰場風雲莫測，馬倫戈戰役開打後，法軍受到敵軍強而有力的抵抗，節節敗退，眼看著拿破崙精心籌劃的勝利將要化為泡影。

拿破崙只好命令鼓手擊退兵鼓，鼓手是一名在巴黎被收留的小遊民，聽到拿破崙的命令，他並沒有動。「小流浪漢，**擊退兵鼓**！」

孩子拿著鼓槍向前走了幾步，勇敢地對拿破崙說道：「大人，我不知道怎麼擊退兵鼓，因為我從來都沒有學過。但是我會敲進軍鼓，可以敲得讓死人都起來排隊。我在金字塔前敲過

它；在臺伯河敲過它；在羅地橋也敲過它。大人，在這裡我可以敲進軍鼓嗎？」

拿破崙聽了，先是無可奈何地看了一眼身邊的將領，然後對小鼓手說：「現在要贏得勝利還來得及，你就給我敲進軍鼓，像在臺伯河和羅地橋一樣地敲吧！」

小鼓手敲得震天響的進軍鼓聲之中，拿破崙的部下路易‧德賽（Louis Desaix）帶領隊伍向奧地利軍隊橫掃而去，他們不惜流血犧牲，將敵人打得狼狽而逃。勇敢的小鼓手站在隊伍的最前端，用鼓聲激勵著士兵們乘勝追擊，戰場上的局面很快就轉敗為勝。

小鼓手的身分早已無從考證，但是，我們從這個跌宕起伏的故事中學到了一個很重要的道理：勇敢就能創造奇蹟。

一個勇敢的人，即使在困難面前，也會表現得勇敢果斷，做別人不敢做的事情。而這將會是他們獲得成功的第一站。

有一年，約翰‧甘布士所在的地區經濟蕭條，很多工廠和商店紛紛倒閉。那些堆積如山的存貨只能低價拋售，在當時一美元可以買到 100 雙襪子。

約翰‧甘布士是一家織品製造廠的小技師，很不幸地工廠倒閉，他也失業了。在當時很多人存錢都來不及的情況下，甘布士做了一個勇敢的決定，他把自己積蓄的錢都用於收購低價貨物。人們看到他這個時候還收購這些沒用的東西，紛紛嘲

第七章　有格局，不出局

笑他。他的妻子也勸他，不要大量購入這些別人廉價拋售的東西，如果將積蓄都花在購買貨物，那麼他們的子女將沒有教育經費。甘布士笑著安慰她道：「三個月以後，我們就可以靠這些廉價貨物發財了。」妻子對他的話將信將疑。

約翰‧甘布士按照自己的想法，收購各工廠和商店拋售的貨物，又租了一間很大的貨倉來存貨。十多天後，那些工廠即使是低價拋售也找不到買主，於是將大量存貨用火燒掉，以此來穩定市場上的物價。

甘布士的妻子看到別人已經在焚燒貨物，於是不停地抱怨甘布士，鄰居們也嘲笑他的「愚蠢」。對於這些，甘布士一言不發。沒過多久，美國政府就採取了緊急行動，穩定物價，並且大力支持廠商們復工。

由於焚燒的貨物過多，存貨欠缺，一時之間物價飛漲。這時約翰‧甘布士馬上把自己庫存的大量貨物拋售出去，賺了很大一筆錢。甘布士用這筆賺來的錢，開設了五家百貨商店，業務越做越好，幾年後就成為美國的商業鉅子。

有時候，成功僅僅需要你的格局大一點，再勇敢一點！只要我們勇敢一點，想辦法克服工作、生活、學習中遇到的各種困難，只要有了「知難而進，一往無前」的精神，就沒有越不過的困難，更沒有到達不了的成功終點站。那麼，如何讓自己變得更勇敢呢？

(1) 大聲宣洩法

將自己的恐懼大聲地喊出來，讓它暴露在陽光下，這樣，恐懼就不會那麼可怕了。然後告訴自己，恐懼是一種很正常的感覺，只要正確對待，就會變得勇敢起來。

(2) 參加拓展訓練

訓練自己膽量的最好方法，就是在可以控制的情境下練習克服恐懼。參加各種實境勇敢訓練活動，是增強勇氣和膽量的最好辦法。例如有一項名為「跨越空中斷橋」的訓練，能有效地訓練人們克服恐懼、提高膽量。

這是一條距離地面10公尺左右的斷橋，上面由幾塊顫顫巍巍的木板搭成。參與者需要僅靠一條護腰繩索，走過眼前的斷橋，斷橋兩側的木板相距1公尺多。這個距離若在地面，人們可以輕鬆地走過，但在高空，則增加了不少難度和驚險度。很多人擔心萬一「失足」，就會被懸於空中，因此很多參與者不敢邁步。

勇氣來自自信，行動是戰勝恐懼的最好辦法。如果參與者能成功走過斷橋，他的興奮是用語言無法表達的，這是戰勝恐懼、挑戰自我的一個小小的勝利，將成為增強自信和勇氣的起點。

第七章　有格局，不出局

讓你走過的道路與眾不同

> 一個人的人生經歷，是由自己奮鬥的經驗組成的。你所走過的每一步，都是為了讓明天比今天更好。所以，今天的努力是關鍵的一步。

現在很多人都在提倡每天進步一點點。的確，隨著生活節奏日益加快，如果你今天沒有進步，明天你就要為今天的退步而加倍付出。哈佛大學的耶魯·吉列教授這樣說：「你走的道路區別了過去和未來，過去不是未來。但是，這需要你的辛勤付出和勞動。否則，你的未來還是自己的過去。」

1950 年的春天，在英國倫敦郊區的一個小鎮上，一名小男孩誕生了。他的媽媽為他取了一個小名叫丟丟。可是，由於丟丟是一個私生子，周圍的人都歧視他。小朋友不願與他一起玩，大人們也是一副捉摸不透的目光，這種痛苦一直伴隨著小男孩長到 14 歲。之後，鎮上來了一位教書的老師，這才改變了小男孩的思想，也改變了他的人生。

到學堂上課是小男孩不敢奢望的，但他總是懷有一顆好奇心。因此，小男孩第一次悄悄走近了學堂，在教室的窗戶下，偷聽了一堂課。之後第二次、第三次……終於有一次，他被發

現了,一群學生包圍了他。譏笑和嘲弄的聲音不斷湧進他的耳朵,他非常自卑,淚水不由自主地流下來。正在這個時候,一隻有力的手突然搭在他的肩膀上,他抬眼看去,卻見到老師和藹的笑容:「你好,你是哪家的孩子呢?」

老師的話立即引來周圍學生的一陣喧譁和嬉笑。小男孩更加不知所措,淚水奪眶而出。老師愣了一下,很快地輕輕拍了拍小男孩的肩膀說:「原來你是上帝的孩子啊,歡迎你。今後我們就可以常在一起了。」

老師轉身告訴其他學生說:「他與你們一樣,都是上帝的孩子,你們沒有什麼不同的地方。誰更勤奮,誰就會獲得成功。」

老師又蹲下身子,對小男孩說:「你不要認為和他們有區別。人生,重要的不是你從哪裡來,而是你要到哪裡去。無論你過去怎樣,都不能代表你明天也會一樣。只要你對自己充滿信心,充滿希望並積極去行動……」

小男孩的淚水又一次奪眶而出,這是難以自制的激動和感激,他第一次感受到平等和博愛的力量。

從此,小男孩也像其他孩子一樣,到學堂上學。他把自己從自卑和懦弱中解放出來,開始樂觀地生活。在他30歲的時候,成了遠近聞名的富翁,創辦了兩家大企業。

人們常說,「逆水行舟,不進則退。」要改變過去,只有依

第七章　有格局，不出局

靠今天的努力。這就要求你每天都要讓自己有所收穫，有所進步。哪怕是很小的進步，但只要你前進了，就獲得了成就。在這個生活節奏加速的時代裡，人們似乎每天都沒有充裕的時間去完成想做的事，所以很多好的想法也就無從實行了。但是，仍有許多人每天堅持擠出時間來充實自己，最終取得了不菲的成績。因為，每時每刻，大家都在向前奔跑，如果你止步不前，就會遠遠地被人甩在後面。到那時，縱使你使出渾身解數、全力追趕，恐怕也無濟於事了。

在哈佛大學，教授們時常提醒學生要做好今天的時間管理，並列舉如下事例：

休戈・布萊克（Hugo Black）沒有受過高等教育，但他希望自己的未來會發生翻天覆地的變化。為了這個理想，他每天擠出一點時間到國會圖書館去閱讀書籍，學習政治、經濟、歷史、哲學、心理等方面的知識，數年如一日，堅持不懈。就連別人吸一支菸的時間，他都用在對知識的掌握上，從未間斷過。後來他成為美國最高法院的法官，是法律界中知識最淵博的人士之一，並進入美國議會。

挪威有一位叫歐亞・奇美的普通電器修理工，發誓要改變自己的現狀。他對現代科技很感興趣，決定從這裡入手。在每天下班後到晚飯前，他都要花一個小時來攻讀核物理學方面的書籍。隨著知識的累積，他產生了製造一套防毒裝備的計畫。

經過五年的努力，他於 1968 年，實現了自己的願望。設備製造好後，順利經由政府驗收，這種設備為政府節省了近億萬美元。

奇美不斷受到政府的獎勵，還被聘請到大學的實驗室工作。

傑克·馬力和歐里是鄰居，他們從小就在一起玩耍。馬力是一個聰明的孩子，學什麼都是一點就通，他知道自己的優勢，也很為自己感到驕傲。歐里的思考就沒有馬力敏銳，儘管他很用功，但成績卻總是不優秀。因此，與馬力相比，他時常流露出一種自卑。

然而，他的姑姑卻總是鼓勵他：「孩子，過去不等於現在。雖然你現在與他有差距，但是，將來你是完全可以超越他的，人不能夠以今天來衡量明天。你要想改變過去，擁有一個偉大的未來，那麼，目標就不能僅盯住身邊的人，而要超越更多的人。」

就這樣，歐里不再為自己的不足而自卑，而是想方設法讓自己不斷進步。但聰明的馬力自詡是個聰明人，總認為成功會水到渠成。因此，他一生平平凡凡、碌碌無為，沒有成就任何一件大事。而歐里卻始終努力改變過去，不斷一點點地超越著自我，最後成為一位著名的將軍。

馬力在晚年時百思不得其解：為什麼自己曾看不起的歐里

第七章　有格局，不出局

能夠比他強。一位牧師告訴他：「只有努力的人才能夠區別過去和未來，而那些不把握今天的人，他的未來還是和過去一樣，不會改變。」

事實確實如此，在人生的道路上，當你停步不前，有人卻在拚命趕路；也許當你站立的時候，他還在你的後面向前追趕；但當你再一回望時，已看不到他的身影了。因為，他已經跑到你的前面，現在需要你來追趕他了。所以，你不能停步，你要不斷向前，不斷超越，這樣做的結果就是使自己不斷進步，最終到達勝利的彼岸。

不斷向比你優秀的人學習

> 常言道:「書山有路勤為徑,學海無涯苦作舟。」無止境地學習,是每一個大格局者所必需的。人想要不斷地取得進步,就必須不斷地學習,在學習上不能有滿足之心。

人類幾千年累積下來的知識文化,要在短時間內學完,是根本不可能的。就算把一生幾十年的時間都用來學習,學到的東西也非常有限。正所謂:吾生也有涯,而知也無涯。尤其在當今這個時代,世界在飛速發展,知識更迭的速度也非常迅速。據說現在一個人一年的資訊接收量就相當於17世紀英國一個農場主17年閱讀量的總和。人們要應對千變萬化的世界,就必須努力活到老,學到老,要有終身學習的態度。還有一個問題我們不得不面對,那就是現代社會的知識壽命大幅地縮短,知識淘汰的速度正在逐漸加快,過去所學習的知識,幾年的光景很快就會過時。人如果不及時更新自己的知識庫,很快就會進入所謂的「知識半衰期」,很快就會被淘汰。根據統計,當今世界九成以上的知識是近三十年內產生的,知識半衰期只有五至七年。而且人的能力就像充電電池一樣,會伴隨著時間

第七章　有格局,不出局

的增加而不斷地流逝。人們的知識需要不斷「加油」、「充電」,若不及時「充電」,很快就會在現代社會中失去能量。

因此,在資訊科技高速發展的知識經濟時代,人類唯有把學校教育延長為終身的學習,才能適應社會發展的需求。終身學習,指的是人的一生都要不斷地學習。從幼年、少年、青年、中年直至老年,學習將伴隨人的整個生活歷程並影響人一生的發展。簡言之,就是活到老,學到老。

微軟帝國的建立過程中,比爾‧蓋茲的密友史蒂芬‧巴爾默(Steve Ballmer)可以說是一大功臣。

1973年巴爾默進入哈佛大學,二年級時與比爾‧蓋茲住在同一棟宿舍,自兩人相識之後,就如同知己一般。如今的史蒂芬‧巴爾默已功成名就,但他的身上,仍然保留著孜孜不倦、力爭上進的學風。在一次產業會議上,一向自信滿滿的巴爾默說:「微軟在搜尋領域落後於Google和雅虎。」他還說:「在搜尋和廣告市場,Google是領頭羊,我們是第三。但是,我們是一個上進者。」

巴爾默的這番話,不僅道出了微軟的競爭祕訣,同時也指出了得以成功的特質,那就是積極上進,終身求學。

很多人認為,從名校畢業的學生,個個都是飽學之士,他們的知識,面對各個行業都能手到擒來。但是,學校中所獲取的知識是非常有限的,在工作和生活中所需要的知識和技能很

多，完全要靠我們在實踐中邊學邊摸索。與學校相比，社會是一本更大的書，需要經常不斷地去翻閱。

在生活中，總有一部分人認為自己的年紀大了，學習已經來不及了。其實，這種觀點是非常錯誤的。對於學習本身來說，並沒有早晚這一說法。

春秋末期晉國的君主晉平公，他晚年的時候想要學一些東西，可是總感覺自己年歲已高。有一天，他對樂師師曠說：「我現在已經70多歲了，很想學一些知識，恐怕太晚了吧？」師曠回答：「晚了，為什麼不點蠟燭呢？」晉平公沒有聽懂他的話，生氣地說：「哪有為臣的這樣戲弄君王的！」師曠解釋：「我哪敢跟您開玩笑呢！我曾聽人說，少年時愛學習，就像日出的光芒；壯年時愛學習，就像太陽升到天空時那樣明亮；到老年時還能愛學習，就像點燃蠟燭發出的光亮。蠟燭的光雖然微弱，但與沒有燭光在昏暗中愚昧地行動相比較，哪一個更好一些呢？」晉平公聽了，恍然大悟，大讚樂師師曠說得好。

學習是一輩子的事情，不管是少年、青年、中年還是老年。假如你能意識到這一點，就趕快行動起來。無論什麼時候學習都不算晚，而你一旦停止了學習，就意味著你隨時有被別人超越的可能，成為落伍者。

學習是一輩子的事，你的生活充實嗎？如果你覺得生活百無聊賴，那麼你已經停止成長了。一個對新鮮事物充滿著好奇

第七章　有格局，不出局

的人，是不會覺得日子苦悶的！

只要我們願意，就會學到很多實際有用的東西。上蒼在天地之中放入了許多的趣味，你可以在當中滿心歡喜地享受和體驗。從不同的事物中，我們可以享受到很多的樂趣，並獲得很多的美德。因此，不要停止學習，除非你已毫無知覺了。

知識就是力量，只要你堅持不懈地學習，學習到的東西越多，就越有力量。這對你的成長和事業的發展是非常有價值的，人就是在不斷的學習中發展和壯大起來。如果不學習就沒有進步，就難以取得輝煌的成績。

有人曾說：「學習並不是人生的全部。但，既然連人生的部分──學習也無法征服，還能做什麼呢？」是的，每個人都要不間斷地學習，只有這樣的人生才是多彩多姿的。

沒有錢，也可以創出大事業

> 人們常說：錢是萬能的。但是，金錢卻不是幸福、成功的唯一途徑。沒有金錢，依然可以獲得幸福；沒有金錢，依然可以做出一番大事業。所以，任何時候，都不要將金錢看得太重，不要將錢作為自己不成功的藉口。

具備創造性思考的人，通常都勇於打破常規，進行逆向思考。習慣性讓我們長時間使用同一種思想去觀察和解決問題，也就為自己戴上了枷鎖，一旦形成一種慣性思考，就會阻礙前進的步伐。其實，成功離我們並不遙遠，只要我們反過來重新想一想。

今天，錢被賦予了幾乎萬能的地位，很多人之所以會不斷地努力，僅僅是為了賺到足夠的錢去做自己想做的事。比如：有錢了，就去旅遊；有錢了，就去創業；有錢了，就買房子結婚……把錢變成達成夢想的唯一途徑，眼裡也就只有賺錢了。

很多人寧願委屈自己，也不去想其他方法。說是沒錢，其實是沒有下定決心去做某件事，只是口頭上說說而已。如此，別人做到了，自己就會憤憤地想：他那麼有錢，當然能做到！

第七章　有格局，不出局

擁有「沒錢，我也能做自己想做的事」的氣魄，覺得不可能的事也會變成可能。

海德瑪麗·施維姆（Heidemarie Schwermer）是個奇怪的人。她既沒有房子，也沒有醫療保險和汽車，別說是帳戶，她甚至連一個錢包都沒有，她是一位窮困潦倒的失業者嗎？不！在德國，即使是失業者，每個月也會收到300多歐元的社會救濟金，再加上，政府提供的住宅和醫療保險。更何況海德瑪麗·施維姆曾經是享有政府官員待遇的小學老師，同時還當過心理醫生……然而，她卻什麼也沒有。海德瑪麗之所以會一無所有，並不是因為她失去了工作能力，或拿不到政府提供的福利金，而是她打算過一種沒有錢的生活，整整10年。當全德國都在討論社會救濟金過低、是否已經出現貧窮階層的時候，「身無分文」的海德瑪麗卻認為自己很富有。

1942年，東普魯士的一名咖啡廠廠長迎來了他們的第三個孩子，女孩長著一頭金髮，取名為海德瑪麗。

海德瑪麗在保姆和兩個哥哥的陪伴下愉快地成長，兩歲時，二戰的戰火燒到了她的家鄉。廠長應征入伍，上了戰場。為了求生，媽媽帶著幾個孩子踏上了逃亡之路。當一家人暫時安全後，衣服破爛，一無所有。

海德瑪麗經歷了從富有跌入貧窮的人生波折，可是她沒有停止學習，畢業後當了老師。在德國，老師是一份終生職業，

可以讓她的生活衣食無憂。工作了 15 年後，海德瑪麗竟主動放棄了這份工作，改行擔任心理醫生。之後，一個偶然的機會改變了她的一生。

有一天，海德瑪麗在廣播中聽到，有一家公司突然倒閉，當地人都失業了。為了自助，人們組成了互助服務團體，也就是「你幫我修車，我幫你煮飯、打掃環境」。受到這一則新聞的啟發，海德瑪麗也建立起一個互助服務社團，每天的工作就是：收集地址、將各位成員能提供的服務記錄下來。

4 年後，海德瑪麗離開社團，打算過真正沒有錢的生活。她退掉租住的房子，把用不到的東西都送給別人，只留了一些衣物存放在朋友家。之後，她建立了一個純私人服務互換團體，其運作模式是：為別人輔導俄語課，可以換取一個手機晶片卡；為超市打掃環境，可以換取新鮮的水果和蔬菜；幫眼鏡店的老闆照顧寵物狗，可以換一副眼鏡；有人出門度假時，幫他們看家，可以住在對方家裡，解決住宿問題……她卻始終都堅持一個原則：絕不接受金錢。

剛開始的時候，互換圈的範圍只局限在當地，但很快就發展到整個德國。海德瑪麗的故事，吸引了人們的注意，一家出版社為她出了自傳——《無窮奶奶的富足人生》(*A Rich Life Without Money*)。這本書的出版，讓海德瑪麗一夜成名。西班牙、荷蘭、韓國和日本等出版商紛紛出版她的作品，榮譽和金

第七章　有格局，不出局

　　錢從天而降，海德瑪麗成為電視座談節目的座上賓，頻繁地到各地演講。可是，她依然不接受其他的金錢報酬，僅收下了出版社的稿費。

　　人們常說：錢是萬能的，但是千萬不要讓沒錢局限了你的人生。沒有錢，只要具備富人思想、懂得創新，依然可以創出大事業。

創新是被逼出來的

> 人都是被逼出來的！人往往會在絕境中發揮意想不到的能量，不逼自己一把，都不知道自己有多優秀，都不知道創新為何物。很多時候，只有面對困難或障礙時，才能激發出人的無限潛力，才不得不去改變，從而走出一條新的道路。創新，都是在無路可走的情況下被逼出來的。

美國的第五大道是全世界最著名的商業購物區之一，也是全世界最繁華的街景之一。然而讓人驚訝的是，第五大道上的行道樹竟然是一種身上長滿刺的樹──美國皂莢樹。原因何在？原來，在很久很久以前，有一種類似大象的生物喜歡吃樹皮。為了抵禦這種折磨，美國皂莢樹漸漸生長出一種硬刺。這種硬刺又長又稀疏，不會傷害到其他小動物，卻正好能夠對付大象。今天雖然這種生物已經不復存在，傷害不了皂莢樹，但這套防禦本領依舊被延續下來。

為了自己的生長，美國皂莢樹生長出一種保護自己的防禦武器，結果成了自己的特色，這就是一種在生命受到威脅時逼出來的創新。很多時候，並不是我們沒有創新意識、不懂創

第七章　有格局，不出局

新,而是因為從來都不懂得逼自己。

小張是個資深路痴,平時接送孩子上下學的時候總是走習慣的那條路。可是,前天早上送孩子去學校,臨近地鐵入口的時候,她才發現地鐵施工、路被封住了。小張想了想,還有一條路能夠到學校,便掉轉車頭,可是依舊沒有逃過施工的魔咒。

小張一籌莫展,兒子突然說:「還有一條路能夠去學校,我聽同學說過。」對於兒子的話,小張半信半疑,可是聽著兒子肯定的語氣,她問:「你知道怎麼走嗎?」兒子回答:「知道。」於是,小張聽從兒子的指揮,走上了一條從沒走過的路。令人感到意外的是,這條路更好走,還不塞車。

如果不是地鐵站修繕、道路受阻,小張恐怕很難改變自己的行車習慣。這就告訴我們:創新出現時,一定是遇到了巨大的障礙或困難,讓人不得不去改變。

如今,創新受到眾多追求成功者的關注和重視。但更多的創新也僅停留在紙上、嘴上,沒有真正發揮創新引導工作、激發工作、成就工作的目的。主要原因就在於,人們不知道創新思想來自哪裡,創新泉源在哪裡?其實,很多時候,創新都是被逼出來的。

小周大學剛畢業後,應徵到一家媒體擔任記者。主管是一位工作狂,週末多半都會加班。而且,不僅他加班,還要求下

屬也在週末的時候加班，下屬抱怨連天。

有一次，小周在主管的辦公桌上看到一本書——《感謝那些折磨你的人》。看到這個令人感到無語的書名，小周心一涼，現在主管不就在折磨他們嗎？

年輕氣盛的小周，覺得世界無限美好，生活的一切都在自己的掌控之下。突然遇到一個折磨自己的人來管自己，小周看不到希望，隨後便辭職。小周覺得，週末的時間是自己的，他想在那兩天陪伴一下年幼的孩子。

幾年後，小周再次遇到這個主管。那時候的他已經離開了原來的公司，沒有了早年當主管的氣勢。他熱情地跟小周打招呼。那一刻，小周突然發現，他老了很多，但臉上卻多了幾分從容與淡定，有著前所未有的成熟。後來知道，這些年，他送走了離世的老人，孩子的學業讓他痛苦不堪，自己的事業也停滯不前……生活似乎跌到了谷底。

小周突然想起了很多年前在他辦公桌上看到的那本書，理解了他的成長和改變。

無路可走時，選一條路重新走，世界上本來沒有路，走的人多了，也會重新生出一條路。無意中成為第一個走這條路的人，不僅會走出一條新路，還能成就一項創新。

有時候，如果不改變環境，長期處於一種舒服、自在的狀態，可能永遠都不知道自己能夠改變什麼，失去嘗試自己的機

會。即使沒有人折磨你、逼迫你，生活有時候也會折磨你。每一次遭遇巨大困難、努力克服困難後，才能完成一次創新。創新，都是被逼出來的！

改變不了就坦然面對

> 現實中,有很多我們無法改變的東西,比如周圍的環境、天氣,已經成為事實的昨天……既然我們無法改變,不如放寬心態,面對現實、接受現實。只有坦然面對,把自己的狀態調整到最好,才能積極地應對各種挑戰。因此,面對人生,如果你改變不了,那就坦然面對吧!

已故的美國小說家布斯・塔金頓(Booth Tarkington)常說:「我可以忍受一切變故,除了失明,我絕不能忍受失明。」可是,在他 60 歲的某一天,當他看著地毯時,地毯的顏色漸漸模糊,甚至連圖案也看不清楚了。

醫生為他做了檢查,之後告訴他:「一隻眼睛差不多全盲了,另一隻也接近失明。」恐懼的事情終於發生了。按照常理,遇到這類情況,病人多半都會痛哭流涕,可是令醫生感到驚訝的是,塔金頓還挺高興,甚至還發揮出幽默感。當大斑點晃過他的視野時,他會說:「又是這個傢伙,不知道它今天要去哪裡!」

為了恢復視力,塔金頓在一年內需要接受十多次手術,而

第七章　有格局，不出局

且都是採取局部性麻醉。他知道，自己無法逃避，只能優雅地接受。考慮到手術時間太長，他不再住私人病房，住進了多人病房。自從他住進來後，病房裡每天都是歡聲笑語。

必須再次接受手術時，他都會提醒自己：「科學已經進步到連人眼如此精細的器官都能動手術，真是太奇妙了。」面對苦難時，他卻說：「我不想用快樂的經驗來替換這次機會。」沒有人喜歡苦難和困難，但它們總會跟我們如影隨形。然而，它們只能為樂觀的人製造一些障礙，卻阻擋不了他們的腳步。環境殘酷，只有勇於面對並接受事實，才能走得更遠。

遇到問題，不能束手無策，只要有可以挽救的機會，就應該努力奮鬥！但是，一旦發現情勢確實無法挽回，就不要再思前想後了，要坦然面對。只有接受不可避免的事實，才能在人生的道路上掌握好平衡。改變不了過去，但可以改變現在。只有拋棄不必要的包袱，生活才會更美好。

人生如此短暫，有什麼理由不好好生活呢？對於已成必然的事，要輕快地接受，不要後悔，不要抱怨；對於不能改變的事實，要以平常心對待。

有一個人坐船到英國，行駛途中遭遇了暴風。大船左右搖擺，乘客都感到驚慌失措。只有一位安詳的老太太在一旁平靜地禱告，祈求上帝能夠保佑他們。可能是老人的禱告感動了上帝，風浪很快過去了。這時候，有一個人好奇地問老太太：「剛

才大家都有些擔憂，您為什麼一點都不害怕？」

老太太回答說：「我有兩個女兒，大女兒已經被上帝接到天堂；二女兒則在英國生活。出現暴風時，我就向上帝禱告：如果接我去天堂，我就去看大女兒，好久不見，我挺想念她；否則，我就去英國看二女兒，不知道她現在生活怎麼樣？……不管去哪裡，都是看女兒，有什麼害怕的？」

遇到暴風雨，當乘客都驚慌失措的時候，老太太卻用平靜來面對。不管是出於什麼理由，她的這種平和心態都值得我們學習。既然結果無法預料，為何不讓自己坦然一些？心慌意亂、緊張難耐，於事無補。只有將自己調整到最好的狀態，才能積極應對各種問題和挫折。

任何人都不會永遠快樂，幸福地過每一天，沒有人天生就能坦然面對自己的堅強和軟弱，只有經歷磨難，才能讓我們成熟。人生無所謂成敗，失敗只是一種狀態的結束和另一種狀態的開始；人生沒有永遠的成功，成功只是一個目標的實現和一種理想變成現實。面對成敗，正確的態度應該是坦然一些。

生活中很多人都會面臨各種煩惱與困惑。沒有人會一直一帆風順，生活總會為我們製造各種危機。用平和的心態來面對，接受現狀，可以讓你的內心更加豁達、樂觀。

人生無常，世事難料。任何災難都會過去，所有哀傷都會化為平淡。遭受嚴重災難，只要積極地自我調整，堅定自己的

第七章　有格局，不出局

生活信心，生活也就有了新的保障。

面對無奈的事實，與其痛苦，不如坦然接受。某些時候，就要向人生的障礙低頭，接受現實，用樂觀的心態去面對。因為，低頭並不是認輸，而是一種人生智慧，為了更好地生存下去，為了更長遠地發展。

掌握人生的主動權

> 主動，是幸福人生和事業成功的催化劑。面對稍縱即逝的機遇，只有主動把握，才不會錯過。掌握人生的主動權，不僅是一種態度，更是一種可貴的風範。所以，要成功，就要主動出擊。掌握人生的主動權，擁有積極的心態，不哀嘆、不怨天尤人、不退縮、不消極，主動出擊，邁步向前，不消極等待。

生活中，你自己是一位主動者？還是一位被動者？究竟是主動好，還是被動好？

有人說，主動好；有人說，被動好；

有人說，看情況而定；

有人說，這個討論毫無意義。

……

其實，不管哪一種答案，都是站在自己的角度思考。

在這個過程中，很容易忽略了更重要的東西——主動的態度。

「狹路相逢勇者勝」的「勇者」，就是積極主動的人。很多

第七章　有格局,不出局

人認為自己之所以失敗,是因為得不到機會,自己本是良駒,卻沒有遇到伯樂,自然無法獲得提拔。但是,掌握自己人生主動權的人卻不會這樣想,遇到問題的時候,他們不會哀嘆、退縮,而是主動出擊,大踏步向前邁進。

掌握主動權的人,會主動對自己的人生出擊。遇到問題時,他們會積極主動地去應對,會對自己更有信心,毫不懼怕阻力;遇到困難時,他們不會找各種理由或藉口來逃避……縱觀人類發展史,所有人的成功都是自己主動爭取來的。

世界上任何事物都存在著互相排斥、互相鬥爭、互相對立的兩個方面,有矛盾就有對立,有對立就有競爭。在競爭過程中,只有掌握了主動權,才能不斷發展、前進,才能取得最後的勝利;被動地等待或接受,只能失敗,或被淘汰。

每個人的意見都不同,總是按照他人的意見,自己就會感到無所適從。不要委屈自己去迎合他人,要將人生的主動權掌握在自己手裡,不要把這個權利輕易交給他人!

大格局者都信守承諾

> 要改掉一種壞習慣比較難,而放棄一種好習慣卻很容易,只需一次又一次遷就自己,久而久之好的習慣就會變為壞習慣。當你遷就一種壞習慣,任其發展時,重要的不是別人能不能原諒你,而是你能不能原諒自己。

在交際場合上,說出口的話猶如潑出去的水,想要收回是不可能的。如果你總是對他人信口開河,這個可以、那個沒問題,最終卻不付諸實際行動,你將失去別人對你的信賴。守信的人在任何事情上都守信,不論大事還是小事。

第二次世界大戰中的英雄喬治・巴頓(George S. Patton)將軍就是一個非常講信用的人。在一次盟軍會議上,菸癮很大的巴頓抽光了自己的菸,便向身邊一位英國軍官討菸。英國軍官慷慨地將自己的菸放在桌上,讓他隨便抽。會後,巴頓對英國軍官說:「謝謝你的菸,味道真是好極了!以後有機會,我送你一些雪茄。」

英國軍官以為他只是隨便說一句客套話,並未將其放在心上。

第七章　有格局，不出局

　　過了幾年，英國軍官收到一箱從美國寄來的高級雪茄，寄件人是巴頓將軍。原來，他經由多種管道才打聽到英國軍官的地址。英國軍官收到這箱雪茄後既意外又感動，逢人就說：「巴頓真是一個值得信賴的人。」

　　雖然一個人在小事上守信，未必也在大事上守信，留給人的印象也的確是如此：可以馬虎的事尚且如此重視，那又怎麼會在大事上隨隨便便呢？如果只在方便的時候守信，一旦可能遭受損失便變卦，那不是真正的守信。

　　一個講信用的商人，為了兌現自己的諾言，即使會遭受損失也在所不惜。因為他懂得，失信會損害雙方之間的情誼，將大大破壞生意的合作關係。在商場上要讓人接受你的觀點和產品，首先就要讓別人認可你這個人。別人覺得你不可靠時，你就會失去全部機會。

　　守信是一大筆收入，不守信用則是一筆鉅額支出，其代價往往超出其他任何過失。一次嚴重的失信使人信譽掃地，想要重新確立起新的信賴關係是很難的。

　　在世界商業領域，猶太人鶴立雞群。可以毫不誇張地說，世界上任何一個民族百萬富翁的比例都沒有猶太人高。根據統計，人口只有不到 2,000 萬的猶太人中，個人資產超過 100 萬美元的人數超過 150 萬人，占其總人口的 7.5％，這個數字相當於美國百萬富翁比例的 2 倍。

猶太人經商的守則就是重合約、守信用、依法經營，但也會利用合約、法律中對自己有利的一面，也就是說他們善於賺錢，但通常絕不違法做事。他們在談判過程中盡量討價還價，盡最大可能爭取自己的合法利益，爭取合約中對自己有利的條款，然而一旦合約簽訂，他們絕對會嚴格按照合約條款做事，絕不敢有半點差池。

猶太人在經商方面有很多的智慧，然而真正使他們出名的，卻是重信守約。國外商界流行這樣一句話：「猶太人寧願自己三天不吃飯，也不會不按合約付清他該付的錢。」正是這種重信守約的精神，使猶太人在世界商業領域大行其道，財路通達。

有一則名酒的廣告是這樣說的：「狼來了不可怕，失去誠信最可怕。」確實，在人際關係越來越複雜、越來越重要的社會裡，你也許會淡忘這一則廣告宣傳的酒，但這句話所要表達的深刻含義一定要銘記於心。

誠信不僅是為人處世的基本原則之一，也是社會對人的一項基本要求。在現代商業社會中，誠信就是一種無形的品牌力量，誠信就是一筆收益頗豐的財富。良好的個人信譽將會為你贏得持久的合作夥伴，助你在商戰中獲勝。當代社會對誠信的渴求將會使你身價倍增。

通俗地說，誠信就是說話、做事都十分厚道，沒有欺騙之

第七章　有格局，不出局

意，沒有隱藏之心，更沒有害人的想法。誠信之所以應該成為立身處世的基本原則之一，就在於它是一種長遠的投資。

誠信的人有擔當，勇於負責。說實話、做實事，從當前來看可能是毫無意義的、甚至吃虧不淺，但是這種吃虧就像是儲蓄中的零存整付一樣，在未來的某一天肯定會帶給你巨大的財富和回報。因為大家都相信你，都願意與你合作，在你危難的時候也願意伸出援助之手去幫助你。而處處詐欺的人、毫無誠信可言的人，可能會得到一時的利益，卻失去了所有人的信任，這就等於是撿到一粒芝麻，卻丟掉一座穀倉。所以，誠信會帶給人長遠利益，它是一種取之不盡、用之不竭，但又花錢買不到的東西。而且，若想要獲得良好的人際關係，也只能採取對等原則，「以誠換誠」，而對人不誠者也同樣不會得到別人的真誠對待。

誠信還會帶來「品牌效應」。也就是說，誠信是社會所弘揚的一種道德準則，被認為是誠信的人，在信譽、名聲、道義上就會存在相對的優勢。有誠信的人說的話別人會相信，也樂意和他交往合作；而那些滿嘴謊言者，早已臭名遠揚，大家都避之唯恐不及，更不會與之做真心的朋友。這就好比是商業中的品牌，知名品牌、優質品牌其本身就有價值，只聞其名，無須看貨，便可斷定它是值得信賴的好產品，在市場上自然就吃得開，有長久的生命力。

不守信用是成功之路的一大敗筆。我們要做到守信用之前，最好不要輕易承諾。有句話說「輕諾者寡信」，很多人想都不想就隨口答應別人，結果臨時出現狀況，失信於他人，這是不能守信的最大原因。

第七章　有格局，不出局

第八章
以品格的力量贏得世界

第八章　以品格的力量贏得世界

勿以輕狂辜負好時光

> 人們常說：年少輕狂，總是沉不下那顆浮躁的心。在最美的時光裡衝動、輕狂、冒險，總以為這樣才是最瀟灑的人生，殊不知，正好相反。所有的輕狂，不僅不會為你的青春增光添彩，反而會辜負了它！

浮躁與輕狂，冒險與衝動，是真正的「失敗人生」。不管在任何時候，我們都不能以輕狂來辜負人生最好的時光。

人最痛苦的不是失敗的淚水，而是不曾努力的懊悔，千萬不要讓明天的你厭倦現在的自己。時間是公平的，每人每天都是 24 小時，差別只在於你是否珍惜它。

科特的理想是成為知名的動漫導演，畢業後他找了一份與動漫相關的工作，可是這份工作並沒有帶給他成就感。剛進公司時，老闆只讓他負責後期剪輯工作，遠離自己的理想，科特感到很壓抑。更讓他無法忍受的是，同事經常會將額外的工作推給他，這種日子一直持續了三個月。

某一天小組開會，組長責問他，為什麼沒有按時完成工作任務？科特忍無可忍，大聲咆哮：「我只有先完成自己本職的工作，才能再去完成其他工作。如果你不把別人的工作交給

我，我怎麼可能不按時完成自己的工作？」

聽了科特的控訴，組長感到很驚訝。因為科特從來都沒有向他傾訴過工作上的困難，他一直都覺得科特很優秀，能同時處理好很多事情。

組長打算跟科特私下好好溝通一下，可是會議剛結束，科特就遞上辭職信，說：「失去了一名優秀員工，你一定會後悔的。」說完，便轉身離開。

不可否認，在科特身上，有很多人的影子：看待事物過於理想化，無法放低心態，總是站在自己的角度揣摩別人的心思，遇到困難和障礙不與團隊溝通，遇到問題就逃避……這種煩躁、過於情緒化的心態，不僅會浪費掉自己的大量時間，也會嚴重影響自身的發展。

卡莎是美術學院的學生，繪畫天賦很高。有一天，她到西班牙鬥牛場玩，認識了蒙格爾，兩人一見鍾情。相識三天後，蒙格爾向卡莎求婚，卡莎答應了。兩個人在教堂舉行了簡單的結婚儀式。

婚後，卡莎才知道，蒙格爾是一家知名紡織業品牌的繼承人，發現自己不用為了生計煩惱，卡莎便輟學當起全職太太。可是，這樣的好日子並沒有持續很久。蒙格爾家族的長輩依照家族規矩來要求卡莎，希望她能夠成為一位得體、優雅的女性，這讓生性隨意的卡莎感覺很痛苦。

第八章　以品格的力量贏得世界

卡莎多次向丈夫抱怨，丈夫只能夾在卡莎和家族之間為難。漸漸地，卡莎與家族之間的矛盾演變成了夫妻衝突，兩人發生劇烈的爭吵。卡莎以離婚要挾，蒙格爾也是氣急敗壞，結果兩個不冷靜的人，結束了這段婚姻。

意氣用事，不僅會讓你錯失工作機會，還會讓你錯失愛人。假如說出無法收回的話，更是將你的人際關係推向懸崖、讓自己陷入困境。在這個世界上，藥有千萬種，卻唯獨沒有後悔藥。

年輕的時候，要學會冷靜、理性和克制，珍惜時間、珍惜愛人，懂得權衡利弊，勿以輕狂辜負好時光！

無論別人怎麼對你，都不要看輕自己

> 每個人都有自己的優勢，每個人都有自己的價值，無論遇到什麼困難，無論被多少人否定，都不要看輕自己。不要積壓太多的徬徨或煩惱，更不要因為別人的三言兩語就否定自己，顛倒自己的世界，要相信自己的能力，任何時候都不要放棄自己。

《刺激 1995》（*The Shawshank Redemption*）是很多人都喜歡的一部經典電影，我亦如此。自 1994 年上映以來，歷經 20 多年，依舊長盛不衰，魅力不減。這部電影中究竟蘊含了什麼，讓觀眾如此喜愛？

這部電影的劇情是：大銀行副總裁安迪被誤判謀殺老婆和情夫，判刑終身監禁，昔日的青年才俊淪為階下囚。踏入鯊堡監獄大門，表面上看起來似乎所有的一切都已經結束了，然而並沒有。失去了自由，但對信念的執著依舊支撐著他滿懷希望，最終從體制化的人間煉獄中，成功越獄重獲自由。

劇中的男主人叫安迪，他的處境可以說慘到無以復加：事業上，從頂著光環的銀行家頭銜到被判無期徒刑的階下囚；生

第八章　以品格的力量贏得世界

活中,妻子背叛被殺,自己被誤判卻無法申辯,因冤案身陷囹圄⋯⋯

遇到這種情況,可能很多人都會像其他囚徒一樣,聽從命運的安排,無力自拔,終老一生。但是面對強烈的落差,安迪沒有失去希望和信念,他心態平和,沉得住氣,用 20 年的時間鑿開了隧道,涅槃重生。

安迪是自信的,他用自己的故事告訴我們:遇到困境時,要不屈不撓、沉著應對,即使沒有人相信你、支持你,也要堅信自己的能力。

任何時候,都不要看輕自己。生命沒有高低貴賤之分,蚯蚓雖然長得醜陋,卻肥沃了土地;蜜蜂雖不起眼,但牠能夠傳播花粉,使大自然色彩斑斕。每個人都有自己的存在價值,不要太過看輕自己。無論遇到什麼問題,都不能墮落,要努力提升自己,全力奮鬥,最終一定能輝煌自己的人生。

奧托・瓦拉赫(Otto Wallach)是 1910 年諾貝爾化學獎得主,他的成功有著很強的傳奇色彩。

讀中學時,父母要他學文學。沒想到,一學期結束後,老師為他寫下的評語是:「瓦拉赫學習很用功,但過分拘泥,即使品德好,也不可能在文學上有所成就。」

於是他改學油畫。可是,瓦拉赫既不善於構圖,又不會潤色,對藝術的理解力也不強,成績在班上倒數第一。老師給出

的評語是:「你在繪畫藝術上不是可造之材。」

瓦拉赫是很多老師眼中的「笨學生」,只有化學老師肯定他:說他一絲不苟,具有做化學實驗應有的特質,可以學習一下化學。

受到鼓勵的瓦拉赫,立刻點燃了智慧的火花。不久,他就成為同學眼中的化學高材生。

瓦拉赫的故事告訴我們:無論別人如何對你,都不要看輕自己!只要確定屬於自己的道路,就要充分發揮自己的優勢,踏踏實實地做好適合自己的事。看不到自己的優勢,甚至對自己失去信心,會為自己留下很大的缺憾。

桃子長得漂亮、文靜,大學畢業後,應徵到一家公司工作。可是,由於初入職場,經驗不足,不管做什麼事,只要有她參與,總會將事情弄得很複雜,總是添亂。辦公室主任很不滿,逢人就說公司招募了一個花瓶。當桃子做錯事的時候,就只會嚴厲指責她、諷刺她。

其實,桃子為人不錯。起初,聽到外界和主管的評價,她感到很傷心,甚至一度寫好了辭職報告。後來,在朋友的開導下,桃子好像變了一個人:別人下班,她還在加班工作;別人早上上班時,她早已坐在位置上,總是比別人早到一小時、晚離開兩小時。她虛心地向別人請教,最終成為部門核心,辦公室主任對她也客氣多了。三年後,桃子成功晉升為部門負責

第八章　以品格的力量贏得世界

人；五年後,她說什麼,辦公室主任就說什麼⋯⋯

有人問她,當時為何改變了自己的想法,繼續留在公司?

她說,朋友告訴她,不要看輕自己,不要在乎別人對你的看法,永遠相信自己。

自尊和自信來源於對自己優勢的確認,心裡沒有絲毫退縮,做事就會全力以赴,成功的機率就會大大增加。人生之路就是一場馬拉松,拚的是耐力和專注。即使跟他人有落差,也不要太在意,只要確認目標、不斷前行,總會在最短的時間內到達終點。

成長,是智慧的成長、能力的成長,更是胸懷的成長、成就的成長。人生不可預料,永遠都不要去預料自己這輩子到底能做什麼,只要成長,只要勇敢地往前走,就一定能做出自己無法想像的成績。

做選擇之前先把內心修養好

> 人生中難免會遇到煩惱、悲傷,這些不良情緒就像一塊碎玻璃,會將你劃傷。很多年以後,或許我們會走出這段悲傷的往事,但是悲傷的心情卻無法平復。因此,我們要做的事情,就是先將自己的內心修復好。只有拔掉心中那根刺,才會在以後的日子裡,想起以往的悲傷,也不會覺得格外的痛。

有一次,美國廣播公司 ABC 副總裁麥卡錫參加新聞發表會。他坐在前排,突然蹲下身子,鑽到了桌子底下。身邊的人瞪大了眼睛,因為在眾目睽睽之下做出這種事,會損壞他的個人形象。不久,麥卡錫從桌子底下鑽了出來,他直起身子,向人們揮了揮手中的雪茄,平靜地說:「對不起,我的雪茄掉到桌子底下了,母親告訴過我,要愛惜自己的每一分錢。」

麥卡錫是億萬富翁,照理說,根本不用理睬這根掉在地上的雪茄,但他卻低頭鑽到桌子底下去撿,著實令人感到意外。

正是因為這種行為,展現了他的財富修養。

每個人都有對自己的期許,希望自己更完美、希望自己做出更多的成績……而能夠透過自己的力量實現這些期許,或者

第八章　以品格的力量贏得世界

充實自己的某些方面,就是在自我提高修養。

卡梅爾是著名服裝品牌的創始人,不僅事業有成,舉止優雅,容貌還保持在 30 多歲的狀態,被服裝界稱為「不老女神」。她之所以能夠保持容顏常駐,祕訣就是她有一顆乾淨、年輕的心,有著極高的個人修養。

25 歲時,卡梅爾遭到戀人背叛,心灰意冷,極度沮喪,而她經營的服裝品牌卻發展迅速,父母也讓她接手家族的藥業生意。卡梅爾奔走在自己的事業和家族企業之間,再加上情感的重創,她感到身心疲憊。

卡梅爾決定進行一場旅行,進而讓自己得以放鬆。旅遊途中,她反思了自己感情失敗的原因,還思考了自己未來的人生走向,最後決定:放棄家族企業,全力經營自己的事業。她覺得自己的感情失敗,就是因為沒有時間陪伴伴侶,而把時間過多放在工作上。整理完心情之後,卡梅爾變得輕鬆起來,因為她學會了要愛自己,並試著調整疲憊的狀態。

人生痛苦的出現,有時候並不是沒有選擇,而是選擇太多。當太多的選擇和煩惱充斥著整個身體的時候,就要停下腳步,整理人生。只有適時地將內心放空,才會進入新能量,才會有力量重新啟程。

有一個女孩,家庭很普通,學歷也很普通,但是她憑藉自己的能力和吃苦耐勞的品性,在職場中如魚得水,29 歲便擔任

外商高階主管，同時還獲得了幸福美滿的愛情。可是，誰都沒有想到，在婚禮當天，新郎卻意外地宣布婚禮取消，理由是：他愛上了另一個女孩。

女孩為了籌備婚禮，花費了很長時間，而新郎的背叛卻成了她極盡羞辱的標籤。她無法接受，灰心失望，悲痛欲絕。更糟糕的是，母親接受不了這樣的打擊，氣憤過度，高血壓發作暈倒在地，送到醫院也沒有搶救過來。

曾經愛得刻骨銘心的人，帶給女孩重大的打擊和傷害，甚至還讓她失去了最親的親人，這種傷痛對任何女人來說，都是致命一擊。

她辭去了令人豔羨的高階主管職位，還離開了這座城市，與所有人都斷絕了聯繫。女孩的悄悄離開讓很多人感到惋惜不已，因為總公司正打算提拔女孩，如果她能通過考核，就能坐上分公司經理的位置。

時間一天天過去，就在女孩幾乎已經淡出大家記憶的時候，某城市日報的副刊頭條刊登了這樣一篇文章——〈鳳凰歸來〉，記載的正是女孩辭職後的生活和故事。

原來，女孩離開後一個人去了西藏，一路沿途旅行，一年多後結束了那場漫長的旅行，去了另一家外商公司，並且在很短的時間內就拿下了那家外商的分公司總經理職位。

文章刊登後不久，女孩因為工作需要再一次回到了原來的

第八章　以品格的力量贏得世界

城市。工作完成後,她宴請所有的親朋好友和昔日的同事。

閒談間,大家無不表露著當時的惋惜和擔憂。女孩淡定地笑著說:「我當初之所以選擇離開,只是想在事業的道路上稍做停頓,整理好心情,才能更好地做事情。」

女孩用自己的方式應對著生活的變故,何嘗不是一種智慧?帶著悲傷的心情去處理重要事務,難免會出差錯,一旦判斷失誤,造成嚴重損失,那才真的是讓自己後悔莫及。與其這樣,倒不如先讓自己好好休息,處理好心情後再去處理事情。

當悲傷某一日侵入了你的生活,與其強打精神繼續生活,倒不如歇息片刻,處理好心情,拋開包袱,然後再輕裝上陣。修養是個人魅力的基礎,其他一切吸引人的長處均來源於此。良好的修養最能展現一個人的品味與價值,只有具備很高的個人修養,才能具備個性和人格魅力。

變成自己喜歡的樣子

> 很多人總是羨慕比自己優秀的人,總是羨慕他們生活得很灑脫。其實優秀者之所以優秀,因為他們總是能活出自己喜歡的樣子:做自己喜歡的事、選擇自己喜歡的人、結交自己喜歡的朋友、不理會別人的眼光、選擇自己喜歡的生活方式、遵循自己的生活節奏⋯⋯總之,他們都把自己變成了自己喜歡的樣子。

變成自己喜歡的樣子,是聰明人的活法!

聰明人多半都是愛生活、愛自己的人。只有愛自己,努力變成自己喜歡的樣子,才有能力去愛世界、愛別人。

安吉爾是一個精緻的女人,無論走到哪裡,都帶給人一種特別的氣質。很多人都羨慕她,其實她之所以會具備這樣的氣質,完全來源於豐富的個人經歷。

安吉爾出生在一個普通家庭,母親患有輕度癲癇,父親左腳殘疾,只能依靠拾荒和政府補貼維持生計。可是,安吉爾並不覺得自己的命運悲慘。

安吉爾6歲的某一天,父親從垃圾堆裡撿回一雙破舊的小舞鞋。安吉爾穿上那雙小舞鞋,在房間裡來回走動。當她看到

第八章　以品格的力量贏得世界

電視中播放的舞蹈節目，安吉爾的心靈受到極大的觸動，跟著電視機一起舞動。

安吉爾上小學後，家庭條件不錯的同學都陸續報名了舞蹈班，安吉爾只能回家幫爸爸餵豬。餵完豬後，她才能在豬圈旁練習舞蹈基本功。這時的豬就是「觀眾」，伴隨著豬的哼哼聲，安吉爾感受到了美妙的舞蹈世界。

16歲時，安吉爾的舞蹈已經跳得非常好。一位音樂老師提供幫助，幫她報名參加了一項舞蹈比賽。安吉爾穿著媽媽親手縫製的新T恤，上臺跳舞。可是跳完後，評審只說了一句：「底子不錯，但沒有創意，好好努力！」安吉爾有點失落，但更多的是走出家門的興奮，她暗下決心：一定要走出來，將自己的舞蹈展示給更多的人看。

每天，安吉爾除了讀書就是練舞，為了一個動作，她可以練到雙腿發麻。18歲時，安吉爾考上了外地的一所知名藝術學院。但是，學費很高，她不得不放棄。心有不甘的她，報名參加了當地的藝文團隊，大街小巷地演出。雖然報酬很少，但也能幫家裡減輕負擔，更何況還能盡情地釋放自己的舞蹈夢。20歲時，在一場演出中，安吉爾自編自演的舞蹈感動了在場的所有人。一位企業家非常欣賞她，願意資助她出國深造3年。知道這個消息時，安吉爾抱著媽媽哭了。

到了國外，在舞蹈老師的指導下，她掌握了更多的舞蹈技巧。

但是由於外語基礎不好，剛開始時根本無法和別人交流，每天學完舞蹈後，她都會在二手電腦上學習英語口語。白天沒有課程時，她還會到外面做兼職，賺點零用錢，雖然過得很辛苦，但是安吉爾覺得這是自己收穫最多的 3 年。

為了將舞蹈的精髓傳達給更多熱愛舞蹈的孩子，回國後安吉爾到一所藝術學校當老師。

每個人都有過夢想，但最後又有多少人能堅持下去？也許此刻的你還感到很多涼意，但是只要默默地努力，堅持做自己，總有一天會感受到自己帶來的溫暖。

世界上最美妙的事情不是模仿誰的生活，不是最後擁有了什麼，而是你活成了自己最初喜歡的樣子。對自己的工作不滿意，有很多美好的想法，對生活有很多幻想，卻總是走不出第一步，那樣就無法活出自己喜歡的樣子。一定要記住：選擇了什麼樣的生活方式，就會有什麼樣的生活。只有做自己感興趣的事情，遵從自己內心的想法，才能更好地生活、工作！

第八章　以品格的力量贏得世界

敬重別人，也不隨意貶低自己

> 在與人交往中，首先要敬重別人，發自內心地敬重他人，才會贏得他人的信賴。同樣地，敬重他人，也不要隨意貶低自己。在漫漫的生命旅程中，難免會陷入困境之中，遇到很多磨難，只有不貶低自己，不怨天尤人，積極應對，才能將磨難變為成功的墊腳石，才能在困境中破繭成蝶。

高品質的人際關係會提升人的幸福感，而壓抑、糟糕的人際關係，常常因此焦頭爛額、疲憊不堪。所以，用心經營自己的人際關係是提升幸福感的一個管道。那麼，如何經營自己的人際關係呢？第一，別人很重要，你必須尊重別人；第二，你很重要，不能隨意貶低自己。其中，第一條是基礎，是前提。只有尊重他人，才有機會展開一段關係，才能經營出一段良性關係。

朱思是新晉升的業務主管，她能挖掘到別人深藏的東西，這是她引以為傲的優點，她可以不露聲色地讚美對方，獲得對方的青睞。這個優點為她贏來了不少訂單，公司決定派她去接洽重要的女客戶米爾。

米爾是出了名的難纏，任何人的讚美都無法打開她的心扉。朱思認真查閱了米爾的所有報導，發現她很喜歡做手工藝。見面的時候，朱思就對米爾說：「您的手工藝作品雖然不能稱得上是大師級的作品，但是難得的是生活富裕的您還能將手工做得這麼好。」

不同於別人讚美米爾的高貴和美麗，朱思的「用心」打開了米爾的心扉，兩個人竟然成為攜伴同遊的朋友，米爾的大訂單也交給了朱思。然而，令人感到意外的是，在簽約的前一天，米爾卻取消合作。

朱思再次找上門，結果吃了閉門羹。原來，米爾在無意間聽到朱思跟同事的聊天。朱思在對話中，把米爾的形象和手工作品評價得一文不值，米爾看穿了她的真面目。

時間總是會證明一切！表面的附和、恭維也許能夠讓你一時得意，但只有付出真心，才能經得住時間的考驗。只有發自內心地敬重他人，發自內心地祝福別人，才能成就美好，才能讓你的人生路更好走。

孟子有云：「愛人者，人恆愛之；敬人者，人恆敬之。」強調了尊重他人的重要性。在與別人交往中，如果能恰當地理解別人、尊重別人，一定會得到別人相同的理解和尊重。即使是面對關係最親密的人，也不能忘記最基本的禮貌問題，不管你身分多麼尊貴，都要懂得尊重他人。尊重是暢通溝通的前

第八章　以品格的力量贏得世界

提條件，如果想提高溝通效果，想贏得他人的尊重，就要尊重他人。

要得到別人的尊重很難，但是也很簡單。這跟金錢和地位都沒有關係，只要你懂得尊重別人，別人自然也會尊重你；相反地，不尊重別人，對別人滿口的惡意、汙衊之語，別人也就不會尊敬你了。

在尊重他人的同時，也不要貶低自己。遇到問題或挫折時，不要自暴自棄，不必怨天尤人，應該以一種正確的態度去應對。如果落在枯井裡，就要少一些哭泣，為了擺脫困境，就要將身上的泥沙抖落，把它作為爬出枯井的墊腳石，讓自己重獲新生。谷底期也是一個人成功路上的某個階段，不能迴避，也絕不要隨意貶低自己，放棄自己。

在我們身邊，很多人都會受到別人話語的影響，對貶低自己的影響很大，所以一定不要貶低他人，要多提供幫助。可以多提些建議，但不要說他不行，要多鼓勵對方。

每個人都有犯錯的時候，都會有缺點，但是我們要糾正自己的過錯，不能陷入自責、貶低自己，更不能任由過錯的多次發生。如果別人不理解你、貶低你，請你也不要貶低自己，要相信自己是最棒的，這也是你對待自己最好的方式。

容納別人的成功，我們才能真正成長

> 知名企業家曾說過：「我不成功，會有人成功。」這就是成功者的心態：容納別人的成功。在人的一生中，我們需要容納很多事情，容納別人的成功，就是其中之一，當然也是最難的。若因為嫉妒而容不下別人的成功，也永遠嘗不到成功的滋味。

在這個競爭日益激烈的社會，只有具備卓越的能力，才能在社會中占得一席之地。成功者有很多，只有懂得容納別人的成功，個人才能實現真正的成長。

在20公尺的小巷兩端分別有兩個補鞋攤位，一位老女人，一位歐吉桑。他們是一對夫妻，即使自己很忙，丈夫依然會向另一端的妻子投來關切的目光。路過補鞋攤的很多人都感到很好奇：「你們都有50多歲了吧，為什麼還能這麼恩愛，能有這樣的感情真好！」

經由聊天，人們才知道，其實他們的愛情起初也異常艱難。

戀愛時，他們都只有二十歲，男的聰明，女的漂亮。為了這個男孩，女孩還推辭了一戶好人家。女方家裡不同意，但是

第八章　以品格的力量贏得世界

女孩義無反顧地拋開家鄉的一切,跟著男孩來到小城的一角,在小巷的兩頭,一蹲就是二十多年。

小巷又黑又髒,冬天的時候,經常會有寒風吹打在他們的臉上。長年累月地重複著同樣的動作,以至於手指的每個紋路、每個指甲縫都侵蝕著汙黑,粗糙不已。在這艱苦的歲月風雨中,他們卻不離不棄。

他們的深愛,其實是用辛酸苦楚換來的。看到別人的好時,同時還要看到別人遇到的困難和面對的壓力,還有努力奮鬥的過程。不要眼紅別人的擁有,一定要清楚自己處在什麼樣的位置。

有些人嫉富如仇,會對別人說:「那些人,能夠穿得起名牌衣服和鞋子,有什麼了不起,還不是因為他們父母有錢,父母的錢又不是他自己的,以後還說不定是誰會飛黃騰達呢?」這就是典型的「與人為敵」的態度,這種人永遠都不會成功。

大量商業奇才的故事告訴我們:成功者要有成功者的心態,要有成功者的修養。只有擁有寬大的容納之心,才能團結一些有才的人,一起攻克難關;喜歡斤斤計較的人,機會也會跟他失之交臂。

烏龜從高處摔下後,倒扣著,怎麼也翻不過來,為什麼?是因為牠的腿太短,找不到施力點。同理,對於一個人來說,如果想成功翻身,首先就要容納他人的成功、不妒忌,虛心學

習，如此才能抓住機會，抓住成功的點。

每時每刻，人們都親自拿著一把鏟子雕刻自己，最後的作品就是交給自己最好的禮物。一定要隨時記住：只要在你的眼中充滿美，才能雕刻出最美的自己！

我們所認識的人，對於比自己厲害的人，大概有三種態度：眼紅者、無所謂者、努力者。

這三種人之中，第一種人是格局最低的，自己不努力還嫉妒別人，甚至還四處傳播別人的是非。也許有時候他會成功，但推測他認識的也是這個層次的人，畢竟謠言止於智者。

第二種人很難判定，因為他們不關心他人的成績，可能與老子一樣崇尚「無為」，可能已經被滿盆的冷水潑得透心涼，還可能已經被網路文章麻痺了……還有許多其他因素，但都是對過得比自己好的人感到漫不在乎。

第三種人，為了比別人過得更好，會一直努力。即使一時做得不好，也能堅持下去，最終能夠獲得成績和成功。

提升自己，清風自來！有時候你離成功只差了一點機遇，與其眼紅別人，不如好好提升自己。容納別人的成功，你才能獲得長遠發展。

第八章　以品格的力量贏得世界

要有善待痛苦的勇氣

> 人生不可能沒有痛苦，但是痛苦又很神奇，越捨不得放下，你就越痛苦；越急著將痛苦往外推，痛苦越會纏著你不放。善待痛苦，在痛苦面前坦然接受，你會發現，曾經的痛苦也不過如此。然而，善待痛苦卻是一件需要勇氣的事，但並非人人都有這種勇氣，要成功，就要擁有善待痛苦的勇氣。

天空不可能沒有雨，高山不可能沒有懸崖，人生也不可能沒有痛苦。痛苦是人生的煉獄，理智地去體驗，痛苦就會帶給你心靈的啟迪。

在生命的歷程中，每個人都會遇到各種困難。面對困難，有人悲觀失望，無法轉變自己的角色；有人則勇敢地打破傳統觀念，挑戰自我，充實自我，最後輕鬆地解決困難。每個人都有成功的機會，但是成長與成熟都是痛苦的，想要成功，就要勇敢地蛻掉裹在自己身上的厚厚的蛹，讓自己變成能夠自由飛舞的蝴蝶。

王霞和郭瀟兩人一起經歷了很多事，才成為夫妻，結果卻事與願違。

郭瀟出生於農村，為了培養他讀大學，家裡欠了很多債務。大學畢業後，郭瀟留在城市工作，之後與同學王霞戀愛。而王霞是家裡的獨生女，畢業後就進入了父母經營的公司。

聽說女兒跟一個窮小子戀愛，父母都非常反對。但是，王霞排除萬難，堅持跟郭瀟在一起。王霞知道自己的婚姻來之不易，非常珍惜。

但有一天，王霞出門辦事，無意中撞見了丈夫和情人約會。王霞感到很痛苦，便找姊妹淘傾訴。可是，痛苦沒有因此減輕，反而說的次數多了，讓姊妹淘產生了厭煩情緒。

痛苦無處宣洩，王霞便開始找丈夫情人的麻煩。經過幾天的跟蹤，王霞找到了丈夫情人的公司和家庭地址，每隔兩、三天都會到對方的工作地點、家門前羞辱她，帶給對方不少的困擾。

郭瀟氣不過打算離婚，王霞堅決不同意，結果一拖就是好幾年。在折磨壓抑的日子裡，王霞終於崩潰。最後她尋求心理醫生的幫助。

心理醫生對她進行了心理輔導，最後給出的建議：首先，不要傾訴自己的不幸，要學會接受現實。第二，學會接受痛苦。任何痛苦，都不會因為人的逃避而減輕。同時，還為王霞做了分析。

聽了心理醫生的分析後，王霞決定先開始一段單人旅行。

第八章 以品格的力量贏得世界

在旅行的過程中,她一邊欣賞風景,一邊沉澱自己的心情。漸漸地,丈夫、結婚、背叛等字眼消失在她的腦海中,整個人變得輕鬆了很多,心情也開始平復下來。

經過理性分析後,王霞認為,勉強維持婚姻已沒有任何意義,決定跟丈夫離婚。離婚後,王霞開了一間花店,做自己最喜愛的插花事業。

痛苦,是一種神奇的東西,越溫習它,越痛苦;越急著往外推,它就越圍繞著你。只有讓自己平靜下來,勇敢地接受它,積極尋找解決痛苦的方法,才能擺脫痛苦,愉快地生活。

學會自己承受痛苦、消解痛苦,也就成就了強大的自己!

要有善待痛苦的勇氣

國家圖書館出版品預行編目資料

不怕起點低，就怕格局小！智商與情商的全面升級：打破習慣、善待痛苦、難得糊塗……八堂課讓你邁向未來，不再平庸 / 王輝 著. -- 第一版. -- 臺北市：樂律文化事業有限公司，2025.02
面； 公分
POD 版
ISBN 978-626-7644-44-7(平裝)
1.CST: 人生哲學
191.9　　114000468

不怕起點低，就怕格局小！智商與情商的全面升級：打破習慣、善待痛苦、難得糊塗……八堂課讓你邁向未來，不再平庸

作　　者：王輝
責任編輯：高惠娟
發 行 人：黃振庭
出 版 者：樂律文化事業有限公司
發 行 者：崧博出版事業有限公司
E-mail：sonbookservice@gmail.com
粉 絲 頁：https://www.facebook.com/sonbookss/
網　　址：https://sonbook.net/
地　　址：台北市中正區重慶南路一段 61 號 8 樓
8F., No.61, Sec. 1, Chongqing S. Rd., Zhongzheng Dist., Taipei City 100, Taiwan
電　　話：(02) 2370-3310　　傳　　真：(02) 2388-1990
律師顧問：廣華律師事務所 張珮琦律師

定　　價：330 元
發行日期：2025 年 02 月第一版
◎本書以 POD 印製